「ヘイトスピーチ法」は日本人差別の悪法だ

小山 常実 他著
皿木 喜久 編

Booklet Liberty 8
自由社

序

新しい歴史教科書をつくる会副会長　皿木 喜久

伊勢志摩サミットの開幕を二日後に控えた今年（平成28年）5月24日、ひとつの法律が衆院本会議でひっそりと可決、成立した。正確には「本邦外出身者に対する不当な差別的言動の解消に向けた取組の推進に関する法律」、一般的にはヘイトスピーチ規制法と言われる法律である。

あえて「ひっそりと」と言ったのは、この法案が国民にほとんど注目されることなく審議され、成立したからだ。

法案が自民、公明両党により参院先議案件として提出されたのは4月8日だった。その後法務委員会の理事を中心に、先に同趣旨の法案を提出していた民進党などとの間で修正作業がおこなわれ、わずか3回の審議を経て5月12日には法務委、翌13日には参院本会議で可決、衆院に送付された。その衆院にいたっては、ほとんど実質審議も行われないまま、ほぼ全会一致で成立に至ったのである。

4月に起きた熊本地震や、伊勢志摩サミット、間近に迫っていた参院選と大きなニュースが重なっていたとはいえ、マスコミの扱いも極めて「控え目」なものだった。

加えて本書の「開会にあたって」で藤岡信勝氏が述べられているように、国民が「ヘイトスピーチは文句なしに悪いこと」と思いこまされていたこともあり、「新しい歴史教科書をつくる会」をはじめ、本来この法律を問題視すべき保守系団体も、反応は今ひとつ遅かった。

それでも「つくる会」は、小山常実氏らから「法案は日本人を差別し、憲法違反である」等の問題提起を受け、法案への反対声明を出した。さらにこうした問題点について国民と語り合うため7月5日、シンポジウムを開いた。国会で唯一といっていいほど真っ向から反対した「日本のこころを大切にする党」から参院選に立候補していた中山成彬元文科相の支援集会とドッキングした「『欠陥ヘイト法と日本の危機』を語る国民集会」（東京都品川区立総合区民会館）である。

集会にはPR活動が不足していたにもかかわらず、約二百人が参加、七人の論者とともにこの法律の欠陥や日本社会に与える危険性について認識を共有できた。しかしこれを一過性のものに終わらせないため、文字として残そうというのが本書である。

編集にあたっては、集会の「盛り上がり」の雰囲気を残すため、なるべく発言をそのまま活字にしようとした。ただ参院選からすでに4カ月以上が過ぎており、中山氏応援の部分は割愛せざるを得なかった。代わりに水間政憲氏が雑誌『ボイス』9月号に書かれた「ヘイトスピーチ対策法は憲法違反だ」をはじめ、集会後の各氏の論考も含めて加筆・修正してもらった。また、シンポジウムで問題提起をした小山氏には別途、この欠陥法の成立過程の問題点や、いかにして廃止に追い込めるかについて提言、さらには試案としてを書いていただいたほか、小山氏の試案「日本国民及び本邦出身者に対するヘイトスピーチ解消法案」を資料として付け加えさせていただいた。

お忙しいなか、発言への加筆・修正など編集に協力いただいた方々に心から感謝したい。

「ヘイトスピーチ法」は日本人差別の悪法だ　目次

「ヘイトスピーチ法」は日本人差別の悪法だ

開会にあたって

藤岡 信勝

ふじおか・のぶかつ
拓殖大学客員教授、新しい歴史教科書をつくる会副会長。昭和18年北海道生まれ。北海道教育大学、東京大学教授などを歴任。

◆なぜ「欠陥ヘイト法」と言うのか

私は「新しい歴史教科書をつくる会」の藤岡信勝と申します。中山成彬先生の大ファンでありまして、この個人演説会の応援に参ったしだいです。同時にきわめて重要な政策問題として、いわゆるヘイトスピーチ法が過日、国会を通過したわけであります。このあと何人かの方に問題点をご指摘いただき、また中山先生にもお話しいただきますけれども、この法律は、日本人は潜在的に差別者であり、これを取り締まらなければいけない。だが日本人への差別に対しては一切、その規制がない。そういう驚くべき差別法でありまして、こういう法律が自民党政権下で、しかも安倍晋三政権でつくられるとは、私は夢にも思ったことがありませんでした。それで怒り心頭に発しております。

私が所属する「新しい歴史教科書をつくる会」では、これに対する反対声明を出しました。しかし国会ではほとんど全党、全会派一致で成立しました。中には「これではまだだめだ」と言って反対した小政党もありましたけれども、幸いにして、「日本のこころを大切にする党」だけがまともな論拠で反対してくださったわけであります。これは私たちにとっては大きな救いでありまして、希望でありました。

中山先生はツイッターとフェイスブックの両方で発信しておられると思うのですが、その中で最初の段階から、このヘイトスピーチ法は問題だと発言しておられまして、非常に心強い思いをしてきたわけでございます。

それで本日は、中山先生の個人演説会ではございますけれども、その中で特にこのヘイトスピーチ法の問題点をとりあげて、中山先生ともども、これをとことん語ろうという、そういう二時間のシンポジウムとして本日企画したわけでございます。このアイデアを提唱していただいたのは近現代史研究家の水間政憲さんで、皆さま方よくご存知のブロガーかつ運動家であります。水間さんのアイデアで本日の集会の組み立てができました。私もこれに全面的に賛同しまして一緒にやろうということになったわけです。

幸い、中山先生の事務所のご理解をいただきまして、あまり前例はないかもしれませんが、こういう個人演説会と特定の問題をワンポイントで取り上げての政策討論会がドッキングした集会が企画されました。

メディアに調教された思考回路からの脱却

それから、皆さんにご案内さしあげたメールなどでは「欠陥ヘイト法に反対する集会」というふうに、お伝えしたと思うのですが、なぜヘイトスピーチ法と言わずに欠陥ヘイト法と言ったかということです。ここにお集まりの方々も、一部の人たちの本当に毒々しい、いわゆるヘイトスピーチという具体的な発言について、誰ひとりとしてこれを肯定しているわけじゃありません。ただそれを法律でなんとかするということは非常に間違っているのじゃないかということで問題にしているわけですね。

ところがヘイトスピーチという言葉を使った途端に、私たちは条件反射的に「あれはけしからん」「どうしてあれを取り締まり、規制する法律がだめなんだ」というふうに思考回路が作られてしまっていますね。私たち自身がそういうようにメディアその他で調教されてしまっていますので、そこから脱するために、別の言葉でこれを名付けようということで「欠陥ヘイト法」と呼ぶことにしたわけでございます。そういう趣旨としてご理解いただければと思います。

本日のプログラムの概要を申し上げますと、最初にこの問題についてずっと専門の憲法学の立場から発言してこられました「つくる会」の小山常実先生から基本的な問題点について基調提案をしていただきます。その次に中山先生から、同じく基調提案として、日本のこころを大切にする党の立場、この法案に反対した立場、そして先生のお考えを含めてお話ししただきます。

続きまして本日は四人の方々をお招きしてありまして、お一人五分と時間を区切らせてもらいますが、それぞれの方から問題提起をしていただきたいと思います。四人の方はまず国際政治学者の藤井《ふじい》巌喜《げんき》さん、韓国のことに詳しい松木《まつき》國俊《くにとし》さん、それから三人目は沖縄のご出身でライターの兼《かね》次《し》映《え》利《り》加《か》さん、最後の四人目がさきほどご紹介した水間《みずま》政憲《まさのり》さんです。

それぞれ発言をいただいた後、会場からの質問に答えていただき、そういう形で今回の法律の中身を検討していきたいと思います。

第一部 基調講演 小山常実氏

こやま・つねみ
大月短期大学名誉教授、新しい歴史教科書をつくる会理事。昭和24年石川県生まれ。京都大学大学院教育学研究科博士課程単位取得。

◆日本人を憎悪し、差別する法律だ

新しい歴史教科書をつくる会理事の小山常実です。教科書改善運動を担い歴史戦を戦っている「つくる会」の理事として、あるいは大日本帝国憲法や「日本国憲法」の本質論や解釈史を研究してきた者として、このヘイト法問題について関心を持ち続けてきました。

ちょっと思い起こしますと、4月のことですが、私自身が非常に忸怩たる思いというか、後悔していることがあります。4月にこのヘイトスピーチ法案が出るのですが、「本邦外出身者に対する不当な差別的言動の解消に向けた取組の推進に関する法律案」という名称に驚きました。変な名称だなと思いましたし、こんなものは通るわけがないと思っていました。しかし、新聞で通るということが出まして、焦って一生懸命調べて、問題点を私なりに研究したんですね。5月の初めぐらいからブログで発信して、「つくる会」に対しても呼びかけまして、「つくる会」は二回にわたって、一応声明を出しました。その経験を踏まえて、今日お話しさせていただきたいというふうに思います。

いきなり問題点からお話ししていきたいと思うんですけれども、皆さんのもとにある「欠陥ヘイト法関係資料」をもとにお話しいたします。

第一に、この法律の問題点としまして、これは日本人に対するヘイトだというふうに思います。「欠陥ヘイト法」という言葉は、最初に藤岡先生の方から提案された時に、なんか変な感じがしたんですが、条文を読み直していくと、日本人に対するヘイトが、憎悪が込められています。いろいろ読んで、今回また分析し直したんですけれども、これはまさしく対日ヘイト法、あるいは対日本人ヘイト法ではないかという感じが非常にしたわけですね。だからそういう意味では、欠陥ヘイト法というネーミングは、いいネーミングではないかというふうに思った次第です。別の言い方をすれば、この法律は日本人差別法だとも言えます。

まず、日本人差別の理念がどういうふうに出ているかという問題からみたいと思います。これは、「本邦外出身者に対する不当な差別的言動の解消に向けた取組の推進に関する法律」という法律の名称からして、日本人差別の理念が出ているんですね。「本邦外出身者に対する不当な差別的言動」のところですが、普通は「人種等を理由にした不当な差別的言動」というような定義をするわけです。ところが、「本邦外出身者に対する」だけなんですね。普通は当然、あらゆる人に対して、日本なら日本の中に住んでいる人たち、あらゆる人たちに対する差別的言動を問題にする法律をつくるわけです。そういう法律を作るのが、国連等、人種差別撤廃条約側の考え方なんです。
ところが、本邦外出身者、まあ外国人ということなんでしょうけれども、その外国人に対するヘイトスピーチ、不当な差別的言動だけを問題にして、それ以外は野放しにするという法律を自民党が作ったんです。これは非常にショックでした。こんなもの作ったって、適当に廃案に追い込むんだろうというふうに思っていたんですけれども、あれよあれよという間に成立してしまったということなのです。

日本国民だけに義務を課す第3条

さらに、その日本人差別性が一番込められているのは第3条です。第3条を読み上げていきます。

【注】**第3条** 国民は、本邦外出身者に対する不当な差別的言動の解消の必要性に対する理解を深めるとともに、本邦外出身者に対する不当な差別的言動のない社会の実現に寄与するようつとめなければならない。

「国民は」のところですが、普通の国では「何人も」というふうに規定するのです。「本邦外出身者に対する不当な差別的言動」というところは、「人種等を理由にする不当な差別的言動」というふうに書くんです。先に提出されていた民主党（現・民進党）案も、実はそのような書き方をしていました。民主党案のほうが、はるかにまだよかったのです。この問題に関しては、自公案は民主党案よりもひどかったんです。これは確認しておかなければいけないことです。私どもがある意味で一番信頼していた西田昌司さん（自民党参院議員）が、こういう馬鹿なことをやってしまったわけです。もう日本は終わりだと思いました、本当に、法律が通った時にそう思いました。最近、ちょっと何とか元気を回復しましたけれども。

この第3条ですね。「国民は」と書いていますから、国民だけに義務を課すわけです。これはまさしく、日本人を差別するものです。先ほど、藤岡先生のほうからありましたが、日本人を潜在的な差別者というふうにとらえるわけです。差別者は日本人だけであるという考え方ですね。外国人が日本人を差別するというふうには、捉えないんですね。実際には日本人を著しく差別しているわけですが、それを差別とはまったくとらえようとしないんです。そういう考え方が第3条には見事に込められているわけです。

だから、名称自体と第3条、ここから明確に今回の法律は「日本人差別法」であると言えます。ですから、ちょっと先走りますと、明らかに人種差別撤廃条約に違反しているわけです。

それからもうちょっと言うと、ずっと戦後の日本というのは、日本人が一番日本国内でトップに位置しているわけではありません。ある意味で、アメリカ人を筆頭にして、あるいは中国人や韓国人にしても、実は日本人の上に位置してきたのです。でも、あからさまにそういうことを規定した法律は、今までなかったのです。ところが今回、明確に、日本人というのは潜在的に差別者であり、悪者であると規定したわけです。この法律は、日本人は悪で外国人は善なるものであり、かわいそうな存在であるという形で、外国人を日本人の上に設定したんです。法律上、日本人は大げさにいうと、被差別民族になったのです。現実にそういう状況が起きてくるのではないかというふうに、ちょっと恐れております。

在日韓国・朝鮮人の保護こそ法律の目的

それから次に問題というのは、みんな指摘していることですけれども、「不当な差別的言動」というのは一体何なのか良く分からないことです。この定義が第2条にありますが、これを読んでも、よくわからないですね。一応読んでおきたいと思います。

【注】第2条　この法律において「本邦外出身者に対する不当な差別的言動」とは、専ら本邦の域外にある国若しくは地域の出身である者又はその子孫であって適法に居住するもの（以下この条において「本邦外出身者」という）に対する差別的意識を助長し又は誘発する目的で公然とその生命、身体、自由、名誉若しくは財産に危害を加える旨を告知し又は本邦外出身者を著しく侮蔑するなど、本邦の域外にある国又は地域の出身であることを理由として、本邦外出身者を

地域社会から排除することを煽動する不当な差別的言動をいう。

「この法律において、『本邦外出身者に対する不当な差別的言動』とは」のところですが、これは要するに、新聞等で使われる言葉を用いると、本邦外出身者に対するヘイトスピーチということですね。本邦外出身者とは何かというと、参院法務委員会で自民党の西田昌司理事なんかが提案理由の中で言っていますけれども、一番中心に考えているのは明確に在日韓国・朝鮮人のことです。アメリカ人のことはまったく考えておりませんし、ほかの外国人、中国人のことは考えているかもしれないけど、基本的に在日韓国・朝鮮人です。在日韓国・朝鮮人を守るためというのが、明確に、ちゃんと委員会のいろいろな討論の中で言われているんですね。民進党理事の有田芳生さんと西田さんがタッグを組んで、この法律を通したわけです。

ちなみに、参院でも衆院でも「第2条が規定する『本邦外出身者に対する不当な差別的言動』以外のものであれば、いかなる差別的言動であっても許されるとの理解は誤りであるとの基本認識の下、適切に対処すること」という付帯決議が出ています。この付帯決議によって、日本国民に対するヘイトスピーチも許されなくなったという認識が一部に広がっています。

しかし、これは間違いです。そもそも付帯決議には法的拘束力はありません。しかも、この付帯決議はアイヌや沖縄に対する「不当な差別的言動」も許されないのではないかという意見を汲み上げて出てきたものでしかありません。付帯決議の趣旨からしても、アイヌや沖縄以外の日本国民に対する「不当な差別的言動」は許されるのです。

「不当な差別的言動」の定義が分からない第2条

第2条を更に読み進めていきますと、「『本邦外出身者に対する不当な差別的言動』とは、専ら本邦の域外にある国もしくは地域の出身である者又はその子孫であって適法に居住するもの」と書かれています。ここまでも、もう一つわからないところがあるんですけれども、これはちょっと問題にしないでおきます。

続けますと、「に対する差別的意識を助長し又は誘発する目的で」以下のところは、ものすごく長くて分かりにくいですね。ただ、「公然とその生命、身体、自由、名誉もしくは財産に危害を加える旨を告知し」とあります。これが、ヘイトスピーチの一つの類型として言われております。何を言っているかというと、的確に言うとすれば「殺すぞ」という発言ですね。「お前、殺すぞ」というふうに脅しつけること、火をつけてやるぞとか言うこと、それはだめだということになるわけです。

それから次に、「本邦外出身者を著しく侮蔑する」というのが、新たに民進党などから出てきて、付け加わったものです。侮蔑というのが、新たに入ったんですね。「ゴキブリ」とか「このクズ野郎」とか、そういう侮蔑言葉はヘイトスピーチになるとされたわけです。一時ちょっとネットで「朝鮮人」というのもだめだというようなことが流れたりしましたけど、それはいくら何でもないだろうと思います。

それからさらに読んでいきますと、「本邦の域外にある国または地域の出身であることを理由として、本邦外出身者を地域社会から排除することを煽動する」とあります。「地域社会から排除」とありますから、要するに「出ていけ」という話です。「日本から出ていけ」というようなことを叫ぶことがよくないんだと、ヘイトスピーチだというふうに規定されてしまったわけです。

3類型ですね。端的に言えば、「殺すぞ」「ゴキブリ」「出ていけ」です。この3類型が明確に許されないというか、だめなんだというふうになったようです。ここまではみんな一致しています。法務省から明確にそういう答えが出ておりますし、参院法務委員会の人たちの見解というのも同じです。

しかし、「殺すぞ」というのは「危害を加える旨を告知し」の代表例ですが、他にどういう言動がこの類型に当てはまるのか考えていくと、その限界がよく分かりません。「ゴキブリ」というのは「著しく侮蔑する」の代表例であり、「出ていけ」は「地域社会から排除する」の代表例ですが、やはり、それらの限界が分かりません。

さらに第2条を注意して読むと、「侮蔑するなど」と書いてあり、「など」という言葉が入っています。だから、ヘイトスピーチにあたるとされる言動は、3類型以外にさらに広げられるのです。一体どこまで広がっていくのか、わかりません。

在日韓国・朝鮮人と相談し「差別的言動」を判断

それで、具体的に、これはヘイトスピーチだというのは誰が決めていくかということは、第5条以下を見るとわかってくるわけです。それが三番目の問題です。第5条が相談体制の整備、第6条が教育の充実、第7条が啓発活動と、この三つによって具体的にヘイトスピーチは何なのかということが決まっていくわけです。特に重要な第5条だけは、ちゃんと読んでおきたいと思います。

【注】第5条　国は、本邦外出身者に対する不当な差別的言動に関する相談に的確に応ずるとともに、これに関する紛争の防止又は解決を図ることができるよう、必要な体制を整備するものとする。

2　地方公共団体は、国との適切な役割分担を踏まえて、当該地域の実情に応じ、本邦外出身者に対する不当な差別的言動に関する相談に的確に応ずるとともに、これに関する紛争の防止又は解決を図ることができるよう、必要な体制を整備するよう努めるものとする。

1項の初めに「国は、本邦外出身者に対する不当な差別的言動に関する相談に的確に応ずるとともに」とありますが、これは要するに、国が在日韓国・朝鮮人の人たちと相談するわけですね。2項にも同じような文言がありますから、地方公共団体でもそういう相談をやるわけです。

1項を読み進めますと、「これに関する紛争の防止または解決を図ることができるよう、必要な体制を整備するよう努めるものとする」とあります。ですから、何がヘイトスピーチかというのは、在日韓国・朝鮮人と公の機関の相談で決まっていくわけです。だから、ヘイトスピーチの範囲はどれだけでも広げられていきます。すでに、今、育鵬社の公民教科書がヘイトスピーチだと攻撃されているという事態も起きているわけです。平成27年版の育鵬社教科書に曽野綾子さんの『よき国際人であるためには、よき日本人であれ』という小コラムが載っているのですが、この文章がヘイトスピーチだという攻撃を昨年受けたわけです。このコラムは在日韓国・朝鮮人について全く触れておらず、タイトル通り「よき日本人」であること、一つの国家に帰属することを説いたものにすぎません。

だから、「つくる会」としても、実は内容的にいえば育鵬社の教科書より我々の自由社教科書のほうが、はるかに在日韓国・朝鮮人にとっては困る内容ですから、いずれ間違いなく育鵬社と自由社の教科書がヘイトスピーチとして本格的に攻撃されるという事態が訪れると思います。ヘイト法が通る前から育鵬社教科書が攻撃されたわけですから、ヘイト法が定着していけば、必ずそうなることははっきりしております。

在日韓国・朝鮮人強制連行説・慰安婦性奴隷説を拡大

それから第６条です。ここで教育がうたわれております。

【注】第６条　国は、本邦外出身者に対する不当な差別的言動を解消するための教育活動を実施するとともに、そのために必要な取組を行うものとする。

２　地方公共団体は、国との適切な役割分担を踏まえて、当該地域の実情に応じ、本邦外出身者に対する不当な差別的言動を解消するための教育活動を実施するとともに、そのために必要な取組を行うよう努めるものとする。

１項の最初のところだけ読みますと、「国は本邦外出身者に対する不当な差別的言動を解消するための教育活動」をやるわけですね。２項にも同じような文言がありますから、地方公共団体でもそういう教育をやるわけです。

さらに第７条ですが、ここで啓発活動の実施が謳われています。

【注】第７条　国は、本邦外出身者に対する不当な差別的言動の解消の必要性について、国民に周知し、その理解を深めることを目的とする広報その他の啓発活動を実施するとともに、そのた

めに必要な取組を行うものとする。
2 地方公共団体は、国との適切な役割分担を踏まえて、当該地域の実情に応じ、本邦外出身者に対する不当な差別的言動の解消の必要性について、住民に周知し、その理解を深めることを目的とする広報その他の啓発活動を実施するとともに、そのために必要な取組を行うよう努めるものとする。

1項を読めばわかりますように、国は、「本邦外出身者に対する不当な差別的言動の解消の必要性について」の啓発活動を実施するわけですね。2項にも同じような文言がありますから、地方公共団体でも同じような啓発活動を行うわけです。

そうなるとどうなるんだということですが、結局、なぜ在日韓国・朝鮮人が被差別者と言えるのか、なぜ差別された存在と言えるのかということの、合理化をしなきゃいけないわけです。裏から言うと、なぜ日本人は差別者と位置づけられるのか、ということの説明をしなければならないわけです。すると、一番手っ取り早いのが、かなり下火になってきていた「在日韓国・朝鮮人は強制連行された人たちの子孫である」という嘘《うそ》話が、もう一回出てくるわけです。

この嘘話は、一回、平成22年3月10日の衆院外務委員会における高市早苗先生（現総務大臣）の質問によって壊れたはずなんですが、もう一度必ず出てきます。強制連行説というのは、少数派ではありますが、いまだに教科書に書かれていますからね。

それからさらに、慰安婦性奴隷説が広がると思います。性奴隷説を信じている日本国民というのは、ほとんどいない、左翼の中でも少ないと思うのですが、左翼としてはこの慰安婦性奴隷説を当然どんどん出してくるでしょう。そうすると、在日韓国・朝鮮人というのは基本的に「かわいそうな人たち」で「被差別者」であり、日本人は「かつて韓国・朝鮮人に対してひどいことをしてきた差別者」である、という理屈が成り立つわけです。従って、在日韓国・朝鮮人に対するいろいろな罵詈雑言《ばりぞうごん》というのは差別である、というふうに明確に位置づけることができるようになるわけです。

だから、いわゆる歴史戦において、いわゆる保守陣営は非常に厳しい立場に立たされていくということになるのではないかと思います。これが第5、6、7条の問題です。

保守団体が「ヘイト団体」と認定されていく

四番目に、第4条から第7条までの2項の部分を全部ちょっと見て欲しいんですけれども、例えば相談体制の整備を説いた第5条の2項を見てください。「地方公共団体は、国との適切な役割分担を踏まえて」云々と書かれています。地方公共団体も国と一緒に「不当な差別的言動に関する」相談体制を築かなければならないのだと、明確に書かれております。実際、大阪市条例のように、地方公共団体は先走って進み出しています。地方公共団体が前にいって、このヘイト法をさらにもっと恐ろしいものにして条例という形で実現し、それを国に対しても見習いなさいと言うようになります。そういう格好になっていくでしょうね。これが恐ろしい点であり、四点目として確認しておかなければならないことです。

それから五点目です。これが現実的に一番恐ろしい話なんですけれども、西田さんや長尾敬さん（自民党衆院議員）かな、チャンネル桜で、動画で何度も言っていたのが、「理念法なんだから、表現の自由はそんなに制限されないんだ」ということです。「そんなに実害はありませんよ」というわけです。「明確に禁止とも書かれていないし、罰則もないし、これで捕まるわけでもない」といった、そういう嘘を言っていたんです。ところが、西田さんは参院法務委員会ではどう言っていたかというと、はっきり、「日本人に対して厳しく適用する」という趣旨のことを言っているんです。

デモに対する規制としては、刑法、それから道路交通法、騒音防止条例、この三つがまずは問題になりますけれども、この三つを、西田さんらの言い方では「ヘイトスピーチ規制法の理念にしたがって適用していきます」と言います。理念に従って適用するということは、どういうことかというと、今まではデモに対して法令で処理できるかどうか行政・警察当局は慎重に判断してきましたが、ヘイト法成立によって躊躇なく刑法などを適用できるようになります。そして、司法判断にも影響を与えていくようになるということなのです。そのように西田さんは説明しています。

結局、日本人に対しては厳しく刑法などを適用します、ちょっとでも違反すれば、厳しく捕まえていきますよ、外国人に対しては捕まえませんよと、そういう話になるんですよ。そういう話が実際にそのとおりになってきています。

例えば、5月、ヘイト法が出来上がって、5月29日に愛知で桜井誠さんなんかのデモが行われています。この時、「しばき隊」が道路に座り込む、というよりも寝転んでいます。これは、全部排除され、デモは無事行われました。

ところが、6月3日にヘイト法が施行された後に行われた6月5日のデモでは様相がすっかり変わりました。渋谷と川崎で、マスコミに「ヘイトデモ」とレッテル貼りされたデモが行われましたが、渋谷では寝転んだ「しばき隊」に対する規制が一応行われましたが、川崎では、警察はまったく規制しようとしませんでした。そのため、川崎ではデモが中止に追い込まれてしまいました。

それからさらにもっと恐ろしいのが、警察によるチャンネル桜の街宣に対する対応の変化です。6月9日にチャンネル桜がようやくある程度、ヘイト法を危険だとみなして、ヘイト法反対の街宣をやったんです。「がんばれ日本全国行動委員会」の渋谷駅ハチ公前で行われた街頭宣伝活動です。その時の動画がアップされていますが、チャンネル桜の水島総氏の演説を聞くと、どの集団の活動であれ、これまで来たことがない渋谷署の交通課長がやって来て、「交通違反だからキップを一枚切らせていただきます」と言ったというのです。これを何回も繰り返せば強制措置が執られるかもしれないという状況になっています。

この街頭演説は「ヘイトスピーチ解消法悪用を許すな！緊急国民運動」と題したものですから、渋谷署の考え方は、ヘイト法を批判することも「ヘイト」だと考えるものといえます。

要するに、どういう状況が生まれているかというと、保守団体というのはヘイト団体なんだというふうに、潜在的にみなされるようになったんです。警察はそういう考え方に切り替わったんです。これが現在の状況です。

そして、ヘイト法がこのまま定着していけば、これから街頭宣伝活動が弾圧され、ネット言論も規制され、そして出版の方も規制されていくでしょう。

人種差別撤廃条約と日本国憲法にも違反する

ヘイト法の内容は以上のようなものですが、次に「日本国憲法」や人種差別撤廃条約との関係について見ておきたいと思います。

「日本国憲法」との関係に関してはあまり言うことはありませんが、「日本国憲法」に違反しているということは、左翼の人も含めて指摘しております。問題となるのは、とりあえず第14条1項、第21条1項、同2項の三つです。三つとも資料に掲げておきました。

【注】憲法第14条　すべて国民は、法の下に平等であつて、人種、信条、性別、社会的身分又は門地により、政治的、経済的又は社会的関係において、差別されない。

同第21条　集会、結社及び言論、出版その他一切の表現の自由は、これを保障する。

2　検閲は、これをしてはならない。通信の秘密は、これを侵してはならない。

第14条1項に関しては、「すべて国民は法の下に平等であつて」と書かれています。ところが、今回の法律で、帰化した韓国・朝鮮人を含む日本国民を法の下に差別するわけですね。ですから、明らかに第14条1項違反であるということは確かです。第21条1項についても、完全にそうです。「集会、結社及び言論出版その他一切の表現の自由は、これを保障する」ということになっていますけれども、現実にもう既に、集会およびデモに関して日本国民の表現の自由が侵害されるという状況が起きています。

それからさらに、特に自主規制という形で、自主検閲体制がおそらく出来上がると思われますので、第21条2項の「検閲は、これはしてはならない」というのにも実質的に違反しているのではないかと思います。

人種差別撤廃条約が規定する「人種差別」に該当

次に、「あらゆる形態の人種差別の撤廃に関する国際条約」すなわち人種差別撤廃条約との関係ではどうかというと、今回のヘイト法は多くの点で条約違反だと思います。

このところ、人種差別撤廃条約を読み込んでいたんですけれども、一番強く印象に残ったのは、第1条1項の規定のことです。

【注】人種差別撤廃条約第1条1　この条約において、「人種差別」とは、人種、皮膚の色、世系又は民族的若しくは種族的出身に基づくあらゆる区別、排除、制限又は優先であって、政治的、経済的、社会的、文化的その他のあらゆる公的生活の分野における平等の立場での人権及び基本的自由を認識し、享有し又は行使することを妨げ又は害する目的又は効果を有するものをいう。

1項で「人種差別」とはどういうことかと規定しているんですけれども、条文を読んでいきますと、「この条約において、『人種差別』とは」とあり、ちょっと飛ばしまして、最後に「平等の立場での人権及び基本的自由を認識し、享有し又は行使することを妨げ又は害する目的又は効果を有するものをいう。」とあるのです。簡単に言えば、不平等を目指す目的又は不平等の効果をもつものを「人種差別」だと定義しているのです。

この定義と照らし合わせると、ヘイト法は、平等ではない効果を、もう完全に及ぼしています。在日韓国・朝鮮人を初めとした外国人が得をして日本人は損をするという、そういう効果が明らかに現れています。おそらく本当は、目的もそうなのです。明らかに、不平等を目指す目的又は不平等の効果をもつ法律なのです。だから、実は、今度できた法律そのものが日本人に対する差別である、「人種差別」であるということなんです。そのことを確認すれば、あとはあまり説明する必要もないという感じが、実はしております。

関連して第5条を見てください。

【注】 第5条 第2条に定める基本的義務に従い、締約国は、特に次の権利の享有に当たり、あらゆる形態の人種差別を禁止し及び撤廃すること並びに人種、皮膚の色又は民族的若しくは種族的出身による差別なしに、すべての者が法律の前に平等であるという権利を保障することを約束する。

第5条にはっきり書いてあります。傍線を引いたところを見てください。「すべての者が法律の前に平等であるという権利を保障することを約束する。」とありますね。ですから、世界標準の規定の仕方というのは、「何人も」という形です。それに従った民主党案も「何人も」と規定しています。ヘイト法のように「国民は」という規定はしないんです。そういう意味で、完全に人種差別撤廃条約に違反しています。規定の仕方からして違反していると言えるかと思います。

人種差別撤廃条約が許す特別措置には当てはまらず

それからもう一点、ついでに言わせていただきたいのですが、というか重要なことなのですが、第1条4項と第2条2項を見てください。

【注】**第1条4**　人権及び基本的自由の平等な享有又は行使を確保するため、保護を必要としている特定の人種若しくは種族の集団又は個人の適切な進歩を確保することのみを目的として、必要に応じてとられる特別措置は、人種差別とみなさない。ただし、この特別措置は、その結果として、異なる人種の集団に対して別個の権利を維持することとなってはならず、また、その目的が達成された後は継続してはならない。

第2条2　締約国は、状況により正当とされる場合には、特定の人種の集団又はこれに属する個人に対し人権及び基本的自由の十分かつ平等な享有を保障するため、社会的、経済的、文化的その他の分野において、当該人種の集団又は個人の適切な発展及び保護を確保するための特別かつ具体的な措置をとる。この措置は、いかなる場合においても、その目的が達成された後、その結果として、異なる人種の集団に対して不平等な又は別個の権利を維持することとなってはならない。

この二つは特別措置に関する規定ですね。ある一定の人種集団を特別扱いして優遇する特別措置は、本来やってはいけないんですね。原則的には、それは新たな「人種差別」になるわけです。今回の法律は、外国人という特別の人種集団を優遇する措置を規定したわけですから、まさしく、本来やってはいけないことをやったんですね。ただし、すべての特別措置がだめだとは言わないんです。ものすごく差別される、本当に悲惨な状況の場合には、特別措置をやってもいいとするのです。第1条4項の趣旨はそういうことです。

第1条4項と第2条2項というのは、ほぼ同じようなことを規定しているのですが、第1条4項で特別措置はちゃんと理由があれば差別じゃないんだと位置づけたうえで、第2条2項で積極的に特別措置を認めているのです。

しかし、二つの条文の傍線部を読んでいただいたら分かるように、その特別措置の結果、普通の人たちよりもはるかに有利な条件になったら、これはだめなんです。対等になるまではできるんでしょうが、それを超えるようだったら、やめなきゃいけないんです。

ところが、今回の法律は、前に述べたように、在日韓国・朝鮮人を意識して作られたものです。そのことは、前文を少し読めばすぐにわかります。前文は「我が国においては、近年、本邦の域外にある国又は地域の出身であることを理由として、適法に居住するその出身者又はその子孫を、我が国の地域社会から排除することを煽動する不当な差別的言動が行われ、その出身者又はその子孫が多大な苦痛を強いられるとともに、当該地域社会に深刻な亀裂を生じさせている。」と書き出しています。明らかに、在日韓国・朝鮮人を意識した書き出しです。

この在日韓国・朝鮮人の人達は、在日特権と言われるように、すでに普通の人達よりも、日本人よりも有利な条件を持っています。日本人と対等どころか、日本人を超えているんですね。既に日本人より有利な立場にあるにもかかわらず、今回の法律はさらに特別措置を行い、在日韓国・朝鮮人を優遇しようとするものと言えます。ですから、今回の法律は、第1条4項と第2条2項が許容している特別措置とは言えないと思います。

さらに、もしも二つの条文が許容している特別措置と言えるとしても、ヘイト法の規定の仕方はおかしなものです。もしも作るとすれば、例えば5年間の時限措置法という形で作るべきものです。二つの条文の趣旨からすれば、そのように言えます。特に第1条4項但し書きには、「ただし、この特別措置は、……その目的が達成された後は継続してはならない。」と書いてあります。ですから、恒久法として作ってはいけないのです。あくまで臨時措置法として作るべきものです。付則なりで時限法であること、あるいは目的を達成したら廃止すべきことを謳う必要があると思います。

ですから、本来作ってはいけない法律ですが、もしも作るとすれば、人種差別撤廃条約に沿って考えれば、さっきの「国民は」というところを「何人も」に変えなきゃいけないし、それから時限法でつくらなきゃいけないと思います。

ヘイト法は結局、第1条1項、第5条、そして第1条4項と第2条2項といった条文に違反していると考えます。他の条文にも違反しているかも知れませんが、とにかく人種差別撤廃条約に違反しているということです。

【注】在日特権　在日韓国・朝鮮人は、日本国籍を持たないにもかかわらず生活保護受給率が世帯ベー

スで日本国民の4〜5倍であるように、日本国家によって日本人よりも手厚く保護されている面がある。また彼らの多くは戦前期に日本国籍を持っていた関係から、特別永住資格を持っている。この資格を持つ人を特別永住者というが、その99％が在日韓国・朝鮮人であるとされる。特別永住者には普通の外国人と比べて大きな特権がある。例えば普通の外国人は、犯罪を行えば自国に強制送還されるし、外国人登録証や旅券など身分証明書の携帯義務がある。これに対して特別永住者は、殺人を犯しても実質的に強制送還されることはなく、特別永住者証明書の携帯義務もない。このように在日韓国・朝鮮人の多くは、主として特別永住資格に基づき、日本において特別に有利な様々な利益を享受している。通常これを在日特権という。

第二部　意見表明1

中山 成彬氏

なかやま・なりあき
元文部科学大臣。昭和18年宮崎県生まれ。大蔵省（現財務省）に入省。後に、衆院議員、国土交通大臣など歴任。

◆法案を通した自民党政権の危うさ

本日はヘイトスピーチ法の勉強会があるというのでやってまいりました。今、小山先生のお話でどういう問題点があるのだろうと考えましたが、ハッキリいって、これは大変怖い法律だということが皆さん、お分かりになったと思うんですね。こういう法律がなぜ国会をすっと通ってしまうのだろうか。これは大問題です。自民党といいますか、与党が油断しているということになるのかもしれませんし、あるいは自民党の中でもそういった考えの方がたくさんいらっしゃるのかと、想像させるような事態が今進んでいると思っております。

私自身は今、落選しており国会に議席はありません。野にありまして国会のこともいろいろ見ておりましたけど、こんなのが通るはずはないと思っておりました。しかし、あれよ、あれよという間に進んでいったものですから、これは大変なことになるなと感じました。それで家内でありますけれど、中山恭子（日本のこころを大切にする党）代表とも「これは大問題だよ」「問題点のある法律だと思う」という話をしていたんですけれども、採決になって反対したのは日本の心を大切にする党と社民党だけだったということで（笑い）、これはこの法律の中身をみごとに表しているなと思いました。

ここにお集まりの皆さんはよくお分かりだと思いますが、社民党はもっと厳しくということですよね。これに対し「日本のこころを大切にする党」というのは、日本の心とは何なのだと考え、昔から私たちの先祖が育んできた心というか魂というか、水害など災害の多い日本において、人々がお互いに助け合いながら、思いやりながら感謝の気持ちを持って生きてきた、そういう心だと思います。みな対等、平等であると。もっと言いますと、天皇の下で大御宝《おおみたから》として、大事にされてきた。そういった心を私たちは持っていると思うのです。

そういう気持ちの中で私は最近、どうもおかしいなということを感じています。小泉純一郎内閣のときですが、竹中平蔵さんという経済学者が大臣になられました。そして自民党本部にきて、とうとうと自説を述べられた。いわゆる新自由主義というもので、株主資本主義といいますか、要するに金儲けすればいいという、弱肉強食、四半期決算というようなことで、まさに金を持っている人が儲かる。そういう主義です。

当時自民党だった私は手を挙げて言いました。「そんな政策を進めていけば、日本の企業は横文字ばかりになる。あなたのような人を日本では売国奴と言います」と。その結果はどうなったか。案の定、日本の企業は横文字だらけになった。そして富の偏在といいますか、一部の豊かな人と貧しい人とが出てきた。正規社員と非正規社員という言葉すら生まれて、これが平気で使われている。一つの会社に正規社員と非正規社員がいる。これは身分ですよね。日本にはもともと奴隷もいなかったし、身分のはっきりした社会ではなかったと思うのですけど、社会がちょっと変わってきたなという、そんな感じがあるのですよ。

そういう中で中山恭子代表はそれまでの「次世代の党」から「日本のこころを大切にする党」と党名を変えた。それはここを鋭く突いているというか、本来日本人が持っている魂というか心が失われつつあるのではないかということです。日本がまともな国になるためには、日本の心を取り戻さなければならないと考え、政治の世界ではちょっと考えられなかった社会運動というか、国民運動的なものを党の名前にした。それは画期的なことだと思っているんです。

やはり日本人の中、日本の中におかしなことが進行しているということだと思うのですが、今回、ヘイトスピーチ法がいとも簡単に通ってしまうというこの危険性、今日お集まりみなさん方はその危険性に気がついていらっしゃるのですけれど、はたしてこのままでいいのか、これはとんでもないことになります。

先ほどから小山先生が縷々説明されましたが、これは日本人に対する差別法ですね。日本人だけを縛ってしまうという。自民党の方々は本当に分かってこういうことをされたのか。法案成立に働いた西田君（西田昌司参院議員）は、昔はちゃんとしたことを言うなと思っていましたけど、彼が変わってしまったのか、社会が変わってしまったのか、分かりません。

日教組教育にその根源がある

ちょっと本題とははずれますが、私は今日の司会を進めていただいています藤岡信勝先生、そしてこの会の実質的な発起人だと思うのですけど水間政憲先生、この方々にはずっといろんなことを教えてきていただきました。水間先生には自民党時代からいわゆる慰安婦問題についてですね。

藤岡先生には南京事件について本当に勉強させていただきました。アイリス・チャンの『ザ・レイプ・オブ・南京』に使われている写真というのは全部捏造ですと。学者というのはよく調べられるものだと思うぐらいでした。みなさんご存じだと思うんですけど、薄暗い中、橋の上を若い中国の女性たちが笑いながら歩いている。その前後を日本の兵隊さんが銃を持って歩いている。この写真を、日本軍が中国の女性たちを強制連行する写真だと、ずっと言われてきた。

それを藤岡先生が「そうじゃない」と否定された。あの頃中国は治安が非常に乱れていましたから、日本軍が朝、野良仕事にいく女性を中にして連れて行き、帰りにまた守ってくる。そういう写真だというのです。日本軍が支配下においていた所の人たちは逆にほっとしたんですね。えーっ、まったくちがうじゃないかと、私も目が覚めたんですけど、そういうようなことを教えていただいた。

この前、水間先生が雑誌『ＷｉＬＬ』に、学び舎の教科書を取り上げておられるのを読まれた方は多いと思います。本当にひどい教科書ですね。日本がいかに中国を侵略したかということばかり書いてある。ふっと考えて、ああそうか、これは中国の政府が作った教科書だと思えば、よく理解できるなと思ったのです。

そういう教科書が、よりによって灘、麻布とか慶應、筑波大付属といった中学校で使われているということなんです。そういうエリート校の将来日本の指導者層になる人たちがこういう教科書で学ぶことの恐ろしさを思うと、これは大変なことだと思います。

私はかつて民主党政権になったとき、これは日教組の優等生たちの政権だと思ったんです。教科書に書いてあること、先生に言われたことをしっかりと記憶していた、そのまま答案の上にはきだせる、これを秀才というんですが、そういう秀才の方々が、いわゆる「いい大学」に入って、いろいろな所のリーダーになって、政治家にもなって、そんな方々の政権だったと考えるのです。

頭が良いというのかな、ほんとに良いとは思いませんが、自分に自信を持っていますからエリートの道を歩んだという人は他人の言うことを聞かない。「違うよ、それは」と言われても「そんなはずはない」と言って、かたくなに自分の説を変えようとしない。そういう方が皆さんの周りにもいらっしゃるでしょう？　日教組教育の優等生たちがまだいっぱいいる。自民党の中にも人分いるんじゃないかと思います。

私自身は、祖父が日露戦争の旅順の戦いに従軍しましたし、親父は熊本の陸軍第６師団という所に徴兵で行ったのですが、初年兵係をしたということから、親父が教育した兵隊も上海から南京に駆け上がったという話を小さいときによく聞いていました。ですから南京事件なんてありうるはずがないと、ずっと思っていました。中学生のとき、社会の先生が日本軍の侵略といったことを教えると、「先生の言っていることはおかしい」と職員室まで押しかけて抗議したということもありました。だから先生方に「中山成彬の担任はなりたくないとまで言われました（笑い）。

しかし私みたいなのは例外でありまして、普通の人はやっぱり教科書に書いてあること、先生が言うことを素直に信じているのですね。特に問題なのはいわゆる団塊の世代だと思います。この中にもいらっしゃると思いますが、日教組教育をもろに受けたこの世代の方の頭を柔らかくして、覚醒させるというのは難しいのでしょうけど、それをしなければ日本の国は元に戻らない、とそう思うのです。

偏ったマスコミの報道も問題あり

マスコミも本当に偏っているというか、おかしいですよね。ここにはいらっしゃいませんが、百田尚樹さん、『永遠の０』で有名になりましたが、この百田さんが『カエルの楽園』という本を書かれたのはご存知ですね。ここにお集まりの方は読んでいらっしゃると思うのですが、この『カエルの楽園』のことをマスコミはまったくスルーしているんです。それが話題になっては困るということだと思うんですね。しかもこの『カエルの楽園』のサイン会を開いたら爆破予告があって、違う会場に変えたんですが、そのことをマスコミはまったく話題にしない。

前に柳（美里）さんという女性作家がおなじように爆破予告でサイン会の会場を移したときは大騒ぎだったんです。報道しないということは、彼等は分かっているんですね。今日本がどういう現状にあるのかということを。そして悲しい結末が待っていることを、知らせたくないのだということだと思いますね。それほど恐ろしい事態が進んでいます。

そういう意味でこのヘイトスピーチ法案というのも、今、日本が恐ろしい方向に進んでいることを感じさせます。「日本のこころを大切にする党」は、表現の自由に反すると反対したようです。けれども先ほどのお話を聞いていてお分かりだと思いますが、この法律の本質は危険である。どうしたらいいんだと、もう絶望的な気持ちにもなる。巨大与党、自民党は一強多弱といわれています。もちろん安保法制に反対とか廃止とか言っている民進党とか共産党に政権を渡すわけにはいきませんが、自民党があまりにのさばるというか、いい気になると困ると思っているんです。

そこに私たちは「日本のこころを大切にする党」の存在意義があると考えています。この党はもともと「次世代の党」でしたが、1年半前の衆議院総選挙、安倍さんが自民党内の消費税増税派を抑えるために解散をうったのですが、とばっちりを受けたのが私たち次世代の党で、本当に日本の国を愛してよく勉強している、そういう議員がいっぱいいたのですが、全員落ちてしまった。

だから今、自民党にモノ申せる勢力はいないんです。私は、自民党は大事だ、安倍さんにもがんばってもらいたいと思う。しかし安倍さんも政権維持のためには妥協する、弱くなる面もあるだろう。そういう自民党に対して「これはいけない」「これはこうすべきではないか」と、はっきり言える保守の勢力が必要だと思うんです。

今は参議院議員の三人しかいない政党です。なんとかこの政党を皆様方の力で増やしていっていただきたい。野党だけども保守、本当に日本の国益を最優先に考えている。自分たちのことは忘れて、国のために尽くしたい、そういうような形で集まっている「日本のこころを大切にする党」を広げていただいて、日本の国をもっと住みよい国にしてほしい。表現の自由が束縛されるような息苦しい国であってほしくない。

最後に申し上げますが、私は沖縄によく行くのですけど「ヤンキー・ゴー ホーム」だとか「ヤンキー・ダイ」とか、あれこそ問題じゃないですかね。本当のヘイトスピーチ、あれを聞くアメリカの兵隊さんたちは何と思うだろうか。せっかく遠く日本まできて、自分たちは日本の平和や東南アジアの平和を守っているのに「ヤンキー・ゴー ホーム」などと悪口雑言を浴びせられる。

この前、元米兵によってひとりの日本女性が殺された。そのことでアメリカの兵隊さんたちが道路で頭を下げているという姿を見ると、胸が張り裂けるような気持がいたします。あれこそが本当にヘイトスピーチじゃないか。そういう意味で、私たちは、差別があってはならない、というのが一番のポイントじゃないかと思うんです。このヘイトスピーチ法は絶対に早く廃止しないと大変なことになるという、そういう危機感をもっているということを最後に申し上げて、話を終わりたいと思います。

意見表明2　藤井　厳喜氏

ふじい・げんき
国際政治学者。昭和27年東京都生まれ。ハーバード大学政治学部大学院助手、同大学国際問題研究所研究員などを歴任。

◆ヘイトを生んだのは韓国である

いくつかポイントがありますが、私は国際政治、外交をやっている立場から発言させていただきます。

まず、日本でそんなにヘイトスピーチが問題なのですかね。例えば、朝鮮、韓国の焼き肉料理屋というのは日本に山ほどありますが、そこでガラス一枚割られたという話は聞かない。諸外国なら間違いなく、そういう暴力事件が起きていますよ。間違いなく反動でね。ここまで日本人はいじめられて不当な差別発言をされても、そんなことは起きない。ヘイトスピーチも、一部にやっている人はいるかもしれませんけれども、それが何か大きな社会問題であるということ自体がまず、間違っている。

二番目に、日本でそういうヘイトスピーチがやられるとすれば、その一番大きな原因は韓国自身が作っていることですね。韓国ないし北朝鮮が作っている。特に朴槿恵《パククネ》大統領になってからの韓国の反日には目に余るものがある。外国で慰安婦像を建てて、反日人種差別をあおる活動は特にひどい。

だからその原因を取り除かなければ、結果もなくならないのですよね。原因があるから結果があるのですから。だから、これをなくすのに一番いいのは、韓国が「反日ヘイト」を止めることです。日本が韓国に働きかけてもいい。ああいうヘイト、日本人に対するヘイトスピーチ、スピーチだけではありません。ヘイトアクションもあります。

例えば海外で慰安婦像を作りまくるとか、有名な写真がありますけど、韓国で日の丸を地べたに敷いて、それを国会議員が踏みつけるとかいった儀式をやっている。それから天皇陛下を侮辱するような、日本国民を侮辱するような言動が頻繁に行われている。まずこういうことをやめるべきです。これを止めれば、日本のヘイトスピーチなるものは自然に消えていくのであって、原因をまず取り除いていただきたいということであります。

外交交渉ではよくreciprocityということを言います。これは互恵主義とか相互利益主義と訳します。こちらがやるなら向こうもやる。ヘイトスピーチのようなものは法律で禁止するのは元来、本質に沿いませんが、日本でこういうことを注意しますというなら、韓国に向けて「原因は韓国にあるのだから、あなたの側もやめてくださいよ」という交渉をしなければならない、と思います。

それから三番目は、小山先生がおっしゃったように、反ヘイト法は日本人差別法になってくるんです。世界の中で人権を大事にする、人種差別を撤廃していく。これはもう明治以来、日本人がずっと努力してきたことではありますけれども、じゃあ日本人に対する差別はいいのかということです。日本人に対する差別だけはいいというのが、韓国の今のやり方ですね。

ですから私も世界中で慰安婦像を撤去する運動を一生懸命やっております。韓国の態度は、外国に出かけていって国籍は外国になった韓国人も含めて、日本人差別はいくらやってもいいということなんですね。欠陥ヘイト法は日本人人種差別を許容するような法律が、日本国内でもできてしまうということで、これは断固許してはいけないということです。

右も左も言論の自由奪われる

それから、今日この会場には一人か二人左翼のスパイがいるかもしれないので言っておきますが、言論の自由というものは非常に微妙なものです。ヘイト法を通すことは、右翼とかの言論の自由を奪うことで、自分たちの言論の自由は奪われないと思っているかもしれないけれど、これは大変な勘違いだ。

こういうことを一度許すと、この後どうなっていくかもわからない。言論の自由は右も左もないんですよ。ですから初めのところで、第一歩で止めないと大変なファシズム社会になってしまう。全体主義社会になってしまうということです。だからこれを何としても止めなければならない。本当の良心的左派という者がいるならば、こういうものは止めないといけない。ヘイトスピーチを法律で規制するというのは絶対だめですよ、というのが本当の人権主義とか反人種差別の立場だと私は思います。

それからこれは残念ながら国会を多数決で通ってしまいましたけれども、法律はこれで終わりだというものではない。今後、どういうふうに適用されるかということなのですね。国会で法律が通っても、お蔵に入ってしまって事実上適用されない法律なんていうのは山ほどあるし、ある部分で今の憲法の一部分もそうなのですから。

これに関していうと、我々の側からすると残念なのは、昔大変な苦労をして破防法、破壊活動防止法というのが成立したのです。これは朝鮮総連なんかを対象にしたものですよ。しかし残念ながら一回も適用されない。あのオウム真理教には適用されるかなと思ったら、これにも適用されない。これは法律は通ったけれど事実上、法として社会に定着しない形にさせられている。今のところですね。

我々とすれば、今度のこの欠陥ヘイト法に関しては同じように適用させない。裁判とかでも、これを理由にして、刑法とかその他の道交法とかも厳しく適用するなんてことをさせない。こういったことを裁判の判決の根拠にさせないというのは、我々が今後やっていくべきことだと思います。

そうすると、法律は通ったけれど法にはならないのです。法というのは社会に定着した規範のことですから、法律が必ずしも全部法になるとは限らないのです。これを日本の法にしないということと、それを我々の運動で現実的にやっていくしかないというふうに思います。これが私の論点であります。

とにかく欠陥ヘイト法は日本人差別法なんだということですね。それから乱用の危険性がある法律って必ず乱用されます。乱用できない法律でも乱用されることがあります。欠陥ヘイト法は非常に乱用の危険が高い法律です。もし乱用されれば言論の自由は死滅します。ですからこれは絶対に法として定着させてはいけないということです。

意見表明3　松木 國俊氏

まつき・くにとし
松木商事株式会社代表取締役。昭和25年熊本県生まれ。豊田通商ソウル事務所駐在、同社機械部次長などを経て現職。

◆中韓の「押し売り」を可能にする法律だ

「ヘイトスピーチ規制法」がいかに間違った法律であるかにつきまして、三つのポイントに絞って、簡略にお話をしたいと思います。

まず第一の問題点。これは「ヘイトスピーチ」の定義そのものが曖昧だということです。私は長年、商社で韓国と取引をやってきました。このような法律が出来てしまうと、一体ビジネス現場ではどのようなことが起こるでしょうか。

韓国から物を売り込みに来ますね。その時に日本製品と比較して、「あれ、これは日本製品よりもこの点が劣るぞ、韓国の技術はまだまだだね」なんて言ったらどうなるでしょう。「今の言葉は韓国人への侮辱である。名誉と誇りを傷つけられた。日本にはヘイトスピーチ規制法があるそうだが、場合によっては出るところに出て訴えることも考える」と相手が出てきたら、商談どころではなくなります。

企業というのは、こういうことが一番怖いんですね。社員がヘイトスピーチをやって訴えられたと報道されれば、たとえその実態がどうであれ企業のイメージはがた落ちです。その時点で、それを言った本人のサラリーマン人生も終わるでしょう。それが怖いから言いたいことも言えなくなります。

「ヘイトスピーチ規制法」は理念法だということですが、ヘイトスピーチの定義が曖昧なために、いくらでも拡大し恣意的解釈ができます。従って交渉どころか、腫れ物にさわるようなやり取りしかできず、結局相手の条件を飲まざるを得なくなるでしょう。韓国はおろか中国などがこの法律を盾にしていくらでも「押し売りビジネス」をやることが可能となるのです。

この法律を作った人々は一体何を考えているのでしょうか。これではあらゆるビジネス交渉が成り立たなくなります。今頃海外と取引をやっている企業の韓国や中国担当者は頭を抱えていることでしょう。

韓国は国家ぐるみでヘイトスピーチ

それから二番目の問題点、これは他の先生方も指摘されましたように、ヘイトスピーチ規制法が日本人のみに適用されるということです。自虐的にもほどがあります。

これは国旗の場合も同じです。外国人が日の丸に危害を加えても日本の法律には「国旗尊重義務」がないため罰せられません。ところが日本人が外国の国旗を棄損すれば犯罪に問われます。こんな自虐的なことをやる民族は世界中どこを探しても日本だけでしょう。戦後の自虐教育で日本人としての自覚も誇りも根こそぎ奪い取られてしまったために、祖国のシンボルである国旗が焼かれようが踏みつけられようが、罰する法律さえ作らない腑抜けな情けない国になったのでしょう。今回の「ヘイトスピーチ規制法」を作った人々も、外国人から日本を侮辱し、日本の尊厳を貶める言葉をいくら投げつけられても、何の怒りも感じない人々に違いありません。

そのような、人としてのプライドのカケラさえない最低の人間たちが作ったのがこの法律です。でなければ外国人から汚い言葉で自国の誇りや名誉を傷つけられても、それを取り締まらず、逆に日本人の外国人へのヘイトスピーチだけを取り締まるような自虐的法律になるはずがありません。

ところで法律には必ず「立法の趣旨」というものがあります。ヘイトスピーチの立法の趣旨とはなんでしょうか。おそらく「日本人と韓国人・朝鮮人の関係がヘイトスピーチによって損なわれている。従って両者の関係を良くするためにヘイトスピーチはなくさなければならない」ということではないかと私は思います。それだったら、藤井先生もおっしゃったように韓国人・朝鮮人の日本人に対するヘイトスピーチも同時になくならなければ、両者の関係が良くなるはずがありません。日本人だけを取り締まるのは「立法の趣旨」からも外れているのです。矛盾だらけの法律なんですね。

ヘイトスピーチを無くすには、そもそもなぜヘイトスピーチが始まったかという根本的原因を追究しなければなりません。根本原因を排除しなければ真の解決には繋がりません。

ではその原因とは何か。それは韓国が戦後一貫して日本に対し、国家ぐるみでヘイトスピーチを行って、日本人の心を深く傷つけてきたことです。

慰安婦問題一つとっても「20万人以上の朝鮮人女性が強制連行されて性奴隷にされ、多くが虐殺された」と、歴史を完全に捏造して一方的に日本人を非難してきました。さらに世界中で日本人を貶めるために慰安婦の碑を建てまくっています。海外の議会に圧力をかけてアメリカ、カナダ、オランダ、欧州議会で日本非難決議を出させています。一体どれほど日本人は韓国人の心無い言動によって傷ついてきたことでしょう。ここまでやられたら日本人だって言いたいことを言いたくなるのは人情です。

「反日」にかりたてる韓国の教育

では彼らはなぜそこまでやるのでしょう。彼らをこのような過激な反日行為に駆り立てているのが、韓国が行っている反日教育です。例えば私は韓国の教科書を随分研究してまいりましたが、韓国の教科書の多くの部分が歴史を捏造した日本への誹謗、中傷で埋まっています。これでもかこれでもかと、日本の悪行ばかりを羅列し、日本人に対する憎悪を小さい時から植え付けているんです。ではその具体的内容の一部を見てみましょう。

まず1997（平成9）年版の中学国定教科書には、1919（大正8）年に起きた韓国の暴動三・一運動についてこう書いています。

「10歳にならない少女と婦女子、そして女学生らが自分の祖国のために情熱を注ぎ、独立を叫んだと言う単純な罪名で恥辱的な扱いを受け、体を殴られた。幼い少女たちも残酷に殴られ、7歳以下の幼い少女ら300余名がすでに殺害されたと知らされた。日本軍は死んでゆく人々にも背中から銃を浴びせ、逃げる人は追いかけて帯剣で突き刺して倒した。デモが始まった後三か月間で3万人をこす韓国人が殺されたり負傷させられた。独立運動を鎮圧するという口実で、全ての文明国家が守るべき法を放棄し、日本の軍事独裁は文明人の尊敬をこれ以上受けられないことを立証した」

あいた口がふさがりません。三・一運動は暴動に発展して、朝鮮人も多くの被害を被りました。朝鮮総督府は近代法律にのっとって傷害罪や器物破損を行ったものを逮捕しただけです。独立を叫んだという理由で逮捕された人は一人もいません。

韓国の教科書は一事が万事この調子なんです。では別の例を見てみましょう。韓国では日本が朝鮮語を禁止したことになっており、現在使われている韓国の中学校の歴史教科書には民族抹殺政策と題して、このような記述があります。

「韓国語の使用を禁じ、日本語だけを使わせ、私たちの歴史を教えることも禁じた」。他のどの教科書にも同じような記述があります。しかしこれは明らかにおかしいですね。当時の朝鮮半島における日本人の人口はせいぜい2％です。あとの98％が朝鮮語をしゃべっているのをどうして禁止できるでしょうか。

当時、朝鮮の歴史だって教科書の多くのスペースを割いて教えています。『朝鮮総督府施政年報昭和16年版』によれば、昭和16年現在、「普通会話に差支えなき者」と「わずかに解し得る者」合わせて390万人。つまり少しでも日本語をしゃべれたのは人口の16%に過ぎないのです。さらにこの資料には「内地人に対する朝鮮語の奨励」なる項目があり、次のような記述があります。「朝鮮語の修得を一層広く奨励し、以って本規程の趣旨を徹底せしめ将来普通の用務を處辦するに差し支えなき程度の朝鮮語を解し得る合格者を多数輩出せしむることに重点を置き、鋭意之が奨励に努めつつあり」。このように昭和16年末の時点でさえ、朝鮮語ができなければ日本人職員は仕事ができず、朝鮮総督府は日本人職員に朝鮮語の習得を奨励していたのです。「朝鮮語を奪った」など全くの嘘八百なのです。

慰安婦についてはどう書いてあるでしょうか。慰安婦問題は1997年に韓国の中学校や高校の歴史教科書に初めて載りました。中学の教科書には「女性まで挺身隊という名で連れて行かれ、日本軍の慰安婦として犠牲になった」とあり高校教科書にも同様の記述があります。

2002(平成14)年に中学・高校歴史教科書が改訂された際には、「性奴隷」という言葉が使われ出しました。中学の教科書には「日帝は女子勤労挺身隊などの名で連行し、労働力を搾取した。さらに多くの数の女性を強制的に動員して、日本軍が駐屯しているアジアの各地に送って軍隊慰安婦として非人間的な生活をさせた」とあり、そこには軍隊慰安婦というミニ解説を付けて、「軍隊慰安婦とは、韓国、中国、フィリピンなど日本の植民地や占領地で日本軍によって強制的に戦場に連れていかれ、性奴隷の生活を強要された女性達をさす言葉である。１９３０年代はじめから行われたこのような蛮行は、１９４５年に日帝が敗北するまで続いた」とあります。

既に皆さんご承知の通り、このような事実は全くありません。むしろ日本の官憲は朝鮮人女衒《ぜげん》（売春婦を売り買いする業者）によって拉致されたり騙されて満州や上海に売り飛ばされた女性を救出していました。「慰安婦強制連行」を報道した朝日新聞もそれが「虚偽」であることを認めて謝罪しています。しかしながら韓国では過去も現在も「慰安婦強制連行性奴隷説」を事実として学校で教えて日本への憎悪を煽っているのです。

慰安婦に関する記述で最もひどいのが、２００３年から10年間、高校の「韓国近現代史」という科目で使われていた教科書です。この教科書には「当時の日王（天皇のこと）は軍隊慰安婦動員の最終責任者であり、有罪だ」と大きく書かれています。さらに、こう書いてあります。「２０００年には女性を戦時性奴隷として強制動員した日本の戦争犯罪行為を断罪するために、民間法廷である女性国際戦犯法廷が開かれて、前日本国王と日本軍幹部らに有罪の判決が下された」

なんと私たちが敬愛して止まない昭和天皇まで慰安婦強制連行の最高責任者として犯罪者にしているのです。一体これほどのヘイトスピーチがあるでしょうか。なんでここまで韓国の教科書に書かれて、日本政府は一言の抗議もしなかったのでしょうね。今さらながら腹が立ちます。

ここでお話しました内容は韓国の教科書にかかれている反日記述のごく一部に過ぎません。この教科書の反日記述こそが国家ぐるみのヘイトスピーチです。そのヘイトスピーチを教科書で学んで日本に対する憎悪を刷り込まれ、反日が自家中毒してしまっているんです。日本統治時代の真実を知る人々が次第に少なくなり、今や反日感情が自家中毒し、「日本は絶対悪の国」「韓国は絶対善の国」という社会通念が出来上がってしまいました。

もし、日本政府や議会が本当に韓国との友好を望むのであれば、まずやるべきことはこの反日教育の場に蔓延している韓国の国家ぐるみの対日ヘイトスピーチを止めさせることです。「嘘を教えるな」と政府は韓国に徹底的に抗議すべきです。歴史を捏造して日本への「逆恨み」を植え付ける反日教育をやめさせれば、韓国人の自家中毒した反日感情が薄らぎ、日韓が歴史問題で歩み寄る可能性がでてきます。そうすることで初めて日本人の嫌韓感情も薄らぎ、ヘイトスピーチも自然となくなるはずです。それ以外にヘイトスピーチを無くす方法はありません。

ところが今回の「ヘイトスピーチ規制法」は全くその逆をやっているんですね。韓国側の反日言動には一言も抗議せず、日本人ばかりを規制しています。これでは日本人のフラストレーションは益々増大し、嫌韓感情は一層高まるばかりでしょう。むしろ韓国人への憎しみが増えるばかりです。ならば先ほどお話しました「立法の趣旨」が全く達成できないどころか、逆効果を引き起こしてしまいます。この法律の最大の欠陥の一つですね。

「心の問題」にまで踏み込む法律

次に三番目の問題点です。実はこれが一番問題なのです。それはこの法律がモラルという次元にまで踏み込んで規制しているからです。社会生活の中で人間の行動の大部分はモラルと道徳、そして良心によって規制されています。一方、法律は個人や団体の利害を調整するうえで最低限必要なことだけに限って「強制力をもった規範」として存在しています。法律が人間の心の問題にまで規制しないのが、自由民主主義の社会の鉄則です。心の問題にまで踏み込む法律が出来てしまえば、もはや共産国家と言わざるを得ないでしょう。

ところで私自身はヘイトスピーチは否定します。日本人の品格を失うからです。一部の人々には「日本人が本気で怒っていることを韓国・朝鮮人に分らせるためにはやった方がよい」という意見もありますが、それでは日本人が彼らと「同レベル」にまで落ちてしまいます。日本人の誇りを持てばこそ、ヘイトスピーチはやるべきではありません。

しかしながら、それはあくまでも心の問題です。法律で規制する問題では断じてありません。小さい時からの家庭教育や学校教育で身につけたモラル、そして自己の良心に照らして個人が判断するべきものです。そしてその集大成が国民全体のレベルということになります。いたずらに法律を作っても国民のレベル向上には何等役立ちません。たとえば「最近親不孝をする若い人が増えた」と言って、ではこれを改善するために「親不孝禁止法」を作ったりしますか。そんなことで解決できるはずがありませんね。逆に反発を呼ぶばかりでしょう。このような問題はあくまでモラルや道徳心の向上を待つ以外に解決方法がないからです。

そしてヘイトスピーチをやるかどうかも「心のレベルの問題」であり、モラルや道徳で規制されるべきものでしょう。「殺すぞ」とか「火を付けるぞ」というのもモラルの問題で片づけるのかという人もいるかもしれませんが、そこまで行けば他人に実害を及ぼす立派な「犯罪」であり、脅迫罪という法律があってそちらで取り締まることができます。

今回の「ヘイトスピーチ規制法」のように「心のレベルの問題」にまで踏み込んで物理的に規制する法律は共産主義のような全体主義につながります。共産主義の北朝鮮の人々の「良心」とは「金正恩の意思に従うこと」以外にありません。日本をそんな恐ろしい国にしてはなりません。法律は絶対に心の中に踏み込んではいけないのです。その意味からも「ヘイトスピーチ規制法」は明らかに撤回すべき悪法です。

以上、ヘイトスピーチはその定義が不明確であること。日本人だけを対象とする法律であり、逆効果を招くであろうこと。さらにモラルの問題にまで法律が踏み込むことで精神的自由を束縛し、日本を北朝鮮のような共産国家に貶《おとし》める危険性があるという三点を指摘して、私の問題提起と致します。

意見表明4　兼次 映利加氏

かねし・えりか
ジャーナリスト。沖縄県生まれ。進学のため上京後、拉致被害者奪還のための街頭署名活動。現在、八重山日報、夕刊フジなどに寄稿。

◆沖縄の「ヤンキー・ゴー ホーム」はどうなのか

私は沖縄県出身ですので、それに絡めてこの法律の問題点について考えたいと思います。皆さまもご存知の通り沖縄でも日常的に公然と行われているヘイトスピーチが存在します。それは米軍基地反対派による在沖米兵とその家族に対する悪態、罵《ば》詈《り》雑言《ぞうごん》です。今回のヘイト法ではそれは規制の対象にならないということで、おかしいのではないかなと感じております。どうして「在日は帰れ」というのがダメで「米軍は帰れ」「ヤンキー・ゴー ホーム」は許されるのか。何か違いがあるのでしょうか。おかしいと思います。

例えば、極端に「在日をたたき出す」とか「死ね」とか「殺す」とか、そういうふうに過激な言葉を感情的に投げつけているような人を見かけると、同じ日本を愛する立場でも、ちょっと嫌な気持ちすることがあります。

できればそのような言葉は聞きたくないのですけど、市民運動などで過激な言葉が使われるようになったのは、それなりの理由があるのだと思います。在日韓国・朝鮮人が使用している通名の問題は、犯罪を起こすたびに名前を変えることができるので、我々一般の国民の間には大きな不安を生んでいます。また在日外国人による犯罪であっても、メディアでは「日本人」として日本名の通名で報道される場合が多く、それも国民にとっては不信と不満を招いているように思います。

そのような背景があるにもかかわらず、ヘイトスピーチを規制すると言いながら沖縄の米軍関係者に対する悪口と暴力が見過ごされてしまうのはおかしいのではないでしょうか。韓国や北朝鮮では反日的な教育が行われていて、日本に対して悪意や対抗心を持っている人は少なくありません。これに対してアメリカは日本の同盟国であって日本やアジアの安全保障をいっしょに担っています。そのアメリカの人たちを軽んじて韓国人、朝鮮人を擁護する義務を日本人が負うことになるこの法律に、一体だれが賛同できるのでしょうか。

「慰安婦は嘘つき」もヘイトになる？

それからもうひとつ恐れるのは「言葉狩り」です。ひとことでヘイトスピーチ、憎悪表現といっても、この言葉はセーフでこちらはアウトだよという、その線引きが全く分かりません。不明です。誰がどのように決めるのでしょうか。公平・公正に決められると信じてよいのでしょうか。

例えば「従軍慰安婦はいなかった」「元慰安婦はうそつきだ」と主張することが、もしかしたらヘイトスピーチだと決めつけられるかもしれない。そういうふうに事実を語ったとしても、それが「ヘイトです。罰金です。捕まえます」状況になってしまうでしょう。日本人の言論を弾圧しかねない法律です。

先ほど小山先生がおっしゃいましたが、法律の第6条には差別的言動を解消するための教育活動を実施するというふうにありますが、私はそんな教育よりも子供たちには道徳をもっと教えてほしいと思います。今まで道徳やモラルの共有によって防ぐことができた小さな争いごとが、それではできないレベルに達したことも、このよくわからない法案を通してしまった遠因だと思うからです。いじめをなくすとか、子供たちの学力向上とか、教育の現場を改善していくことが先決なのではないかという気がします。

「どうして人をバカって言っちゃいけないの」とか「どうして死ねって言っちゃいけないの」と尋ねられたときに、「それはみんな誰かの大事な人だから、みんな仲良く思いやり合うことが大切なんだよ」「言葉はきれいに使いましょうね。日本は言霊の国だよ」と教えられる先生が学校にどれだけいらっしゃるでしょうか。いじめも差別ももちろんいけないことだけど、真実は真実として貫かなくてはいけない。歴史が捏造によって歪曲されることがあってはならないのだということを、教育の面からも新しい世代に伝えていくことが急務だと思っています。日本人の道徳心と知恵の豊かさは、本来もっと高い水準にあると思います。

意見表明5　水間 政憲 氏

みずま・まさのり
近現代史研究家。昭和25年北海道生まれ。捏造史観についてテレビ・新聞報道への反証を一次資料に基づき調査・研究。

◆占領下のプレスコードより酷い法律だ

この欠陥ヘイト法は「理念」とか「啓発」など「性善説」に基づいた理念法と言っていいのですが、この理念法がどんな法律なのか、ここにいらっしゃるみなさんはお分かりですね。

例えば平成11年6月に公布・施行された男女共同参画社会基本法、あれは理念法なのです。理念法だから罰則規定もないし大丈夫だと言っていたのに現実はどうですか。少子化現象とか、そういったことはすべてあの法律が起点になっているのです。リベラル組織が主導する究極の目的が「日本解体」にあることがあのとき、見抜けなかったのです。

罰則なくても怖い理念法

その甘さが出たのが、今年3月4日、国連女子差別撤廃委員会で日本への最終見解案に「皇位継承権が男系男子の皇族だけにあるのは女性差別だ」として皇室典範の改正を求める勧告案を求めていたことにも表れています。土壇場で察知した日本政府が抗議して最終見解から皇室典範に関する部分は削除されましたが、勧告案に至る過程で女系天皇がターゲットになっていたことは明らかだったにもかかわらず、外務省は見抜けなかったのです。

そういう問題意識が今の永田町の国会議員、西田（昌司）さんらも持っていなかった。その結果できた欠陥ヘイト法は恐ろしい法律です。いわば中国人とか在日韓国人だけに認められた親告罪です。彼らが被害にあったといえば、日本人が逮捕される。日本人が親告してもそれは法律としては一切罰則がない。そういうことなのです。

これは占領下よりひどいですよ。ＧＨＱのプレスコード30項目の中に「東京裁判を批判してはならない」「米国を批判してはならない」などと並んで「朝鮮人の悪口を言っちゃダメ」「中国の悪口を言っちゃダメ」というのがあったのです。

この30項目は日本が主権回復した後はなくなったという状況にはなっていますが、欠陥ヘイト法はこのプレスコードが法律になってしまっているのですよ。中国・韓国への批判は許さない。まさしくそうではありませんか。

【注】プレスコード　もともとは占領軍（ＧＨＱ）が昭和20年9月、日本の報道を規制するために出

した10項目の新聞紙規定のことを言った。しかし21年11月、さらに細かく規定した30項目の報道規制のことを言う場合もある。30項目の方がはるかに具体的で厳しい内容だった。

それにしても自民党はなぜ、国際条約違反や憲法違反の危険をおかしてまで欠陥ヘイト法を議員立法として国会に提出、成立させたのでしょうか。それは緻密に計画された「日本解体」への謀略が秘かに進行していることに気がつかなかったからです。

欠陥ヘイト法は自民党政調会を通って、国会に提出され成立しているのですが、もし亡くなった中川昭一さんや高市早苗さんが政調会長だった時代なら、また中川先生、中山成彬先生、西川京子先生（前自民党衆院議員）が現役で国会におられたなら、この法案は通っていません。

人権擁護法を葬った政治家が今いない

実際、以前に人権擁護法案が成立しかけたとき、当時の中川政調会長はこの法案に危機感を抱いていました。あのとき憲政記念館でシンポジウムをやったのですが、中川さんは言っていました。「この人権擁護法案が通ったらお前なんか一週間で国会議員を辞めさせてやる」と言われたと。しかし中川さんや中山さんたちの力で葬り去ることができたのです。

【注】人権擁護法案　小泉純一郎政権の平成14（２００２）年、政府から提案された。しかし自民党や規制対象となるマスコミの猛反発を受け、衆院解散とともに、廃案となった。その後平成17年、法務省が再度提出を目指したが、中川氏らの強い抵抗で断念、福田康夫内閣時代にも一部自民党議員らが修正しての提案を目指したが福田首相辞職などにより再度断念した。

中川さんが今いたら、この欠陥ヘイト法は形を変えた人権擁護法だと瞬時に見抜かれたと思います。だから中川さんと中山さん、西川さんというお三方の一人でも現役で国会におられたらこの法案は間違いなく通らなかったのです。

なぜかと言うと、ここにいらっしゃる皆さんと一緒に大きなうねりをつくって山を動かすことができたのです。実際、今の国会議員にそんなにこの問題に詳しい人はいないのです。その時々の雰囲気で流れていくのです。繰り返しますが、中山さんらがバッチをつけて、法案を作った人のバッチをはずせたら、誰も動けなくなる、金縛り状態になるのです。

この法律の成立までの過程を検証すると、そこに見えてくるのは国会議員たちの戦前の朝鮮半島における「歴史認識の無知」の一言に尽きます。

欠陥ヘイト法の背景には、戦前、朝鮮半島においてわが国が「氏名を奪った」「土地を奪った」「伝統文化を奪った」などの間違った負い目があることは否定できません。現在歴史認識に覚醒している国民と国会議員やマスコミ関係者との知識の格差が、過激な市民運動を誘発したと言っても過言ではありません。

わが国が統治していた戦前の朝鮮半島で言われていた日本による「七奪」が反対に「七恩」だったことは、私が徳間書店から出した『朝日新聞が報道した「日韓併合」の真実 韓国が主張する「七奪」は日本の「七恩」だった』などで論証してある通りです。

だまされていた市民の中から間違いをただす動きが巻き起こったのは自然の流れでした。しかしその矛先が朝日新聞などマスメディアに対してではなく、在日韓国・朝鮮人に向かったことが問題を複雑化させてしまい、現在に至っているのです。

この欠陥法の基点は何かといいますと、京都の事件で最高裁が約千二百万円の損害賠償を命じる判決を出しましたでしょう。京都の京都朝鮮第一初級学校近くで「在日特権を許さない市民の会」(在特会)などが拡声器を使い「朝鮮学校を日本から叩き出せ」などと街宣活動を繰り返し、撮影された映像がインターネットで拡散され、問題化していった。

これに対し裁判では既成刑法の「威力業務妨害」と「人種差別撤廃条約で禁じる人種差別」を適用し、平成26(２０１４)年12月、最高裁は在特会の上告を棄却し、約千二百万円の損害賠償を命じた一、二審の判決が確定しました。

我々、保守の活動をやっている人間はビビっちゃいますよ。千二百万ですよ。そんな金払えといわれたら、もうできないでしょ。しかも判決は２００メートル以内に近づくなとも言っている。つまり既存の刑法による罰則で十分解決できるのです。それなのにあえて欠陥ヘイト法をつくった人たちの意図はもう、明らかでしょう。

第三部　質疑応答

◆日本国憲法と人種差別撤廃条約に違反する以上、無効だ

藤岡　それでは会場からの質問に答えます。

会場　小山先生に二つ質問があります。この法律の違憲訴訟を起こすというのはどうでしょうか。それともう一つ、憲法98条2項では締結した条約は誠実に遵守するということをうたっていますので、この点でも憲法違反だと思います。考えをお聞かせて下さい。

小山　二点目からお答えします。前に今回の法律は人種差別撤廃条約違反であると述べました。どういうことかと言いますと、おっしゃる通り「日本国憲法」第98条2項「日本国が締結した条約及び確立された国際法規は、これを誠実に遵守することを必要とする」にも違反していることになります。すなわち、「日本国憲法」が規定する条約遵守義務に日本国が違反しているわけです。

また、完全に人種差別撤廃条約に違反するということになれば、この法律は無効です。だから無効論を唱えようと思えば、通ります。少なくとも廃止すべきだという議論をやれば、法律論をやれば絶対に勝ちます。どういう立場の学説から判断しても、条約は法律より上位ですから当然、この法律は条約違反だから無効なのだということで、廃止の方向で動かなきゃいけないのです。

さらに、憲法違反だから無効なのだということで廃止の方向にならざるをえないわけです。だからまともな法律論が行われれば、これは廃止するしかないのです。ぜひ議員の方には、まともな法律論をやっていただきたいと思います。その議論に対しては、西田さんもなかなか抵抗できないと思います。

次に一点目にお答えします。法律そのものに対しては違憲訴訟を行うことはできませんが、何か具体的な問題が起きれば、その問題との関連で違憲判断や条約違反判断をひきだすことが可能ですから、その方向を目指すべきだと思います。例えば、何か不当に日本人が捕まったとか、そういう時に初めて具体的な事案ができますから、そこで訴訟をやります。その時に裁判所がこれは違憲だと、この法律は違憲だというふうに判断すれば、国会は当然、廃止の方向に動かざるを得なくなっていきます。ですから、裁判を通じてこの法律は違憲であり、条約違反だという判断を引き出していくべきです。

会場　登壇のどなたでも結構ですが、どうして安倍総理自身を批判されないのですか。というのも、今回の件で西田昌司議員が前面に出ているのは確かなのですが、その背景には内閣総理大臣であって自民党総裁でもある安倍晋三首相の意図というのが働いていたと思うのですね。しかも安倍首相のやっていることといえば、「やります」と言ったことはやらなくて「やりません」と言ったはずのことをやっているのが現実で、なぜもっと首相を批判しないのかなと、疑問に思うのです。

安倍首相をもっと批判しておけば

藤岡　私自身は冒頭、この集会の趣旨説明をした中で「安倍内閣の下で、このような法律ができるなんて夢想だにしなかった」と申し上げたはずです。当然安倍内閣のトップである安倍首相に対する批判を含んでおります。

藤井　私は安倍首相をよく批判しています。ＴＰＰにも反対です。昨年暮れの慰安婦問題をめぐる日韓合意も批判しております。だけど基本的には安倍政権は継続した方がいい、という立場です。各論では批判していますが、だから安倍政権を潰せとは言わない。いろいろな目的はありますけど、とにかく憲法を改正すると言っているのだから、この一点において今の政権は続いた方がいい。政治というのは現実的判断ですから、そういう点で安倍政権は継続すべきだが、問題点はどんどん指摘するというのが私の立場です。英語で Lesser Evil（レッサー・イーヴル）のチョイスということを言います。Betterじゃないけど「より少ない悪を選ぶ」ということです。私としては安倍政権はレッサー・イーブルです。

中山　安倍第一次内閣ができたとき、私はチャンスだと思い、安倍さんに河野（洋平）官房長官談話を政府の方で見直してくれと言ったら、「やります」ということだったのに1時間半経ったら「党の方でやってくれ」となった。あのとき見直してくれたら、その後の事態は変わっていました。

それに藤井さんもおっしゃったが、昨年12月の日韓合意、あれは何なのだと。安倍さんのことは信用していたのだけど、政権維持のためとはいえ、妥協してはいけないことで妥協している。そんな疑念がわいてくるのです。じゃあ安倍さんに替わる人がいるのか。私も安倍さんにがんばってもらうしかないと思います。石破茂（前地方創生相）さんは、私が閣僚時代「日教組は日本の癌だ」と言ったとき「中山大臣は間違っている」と批判した。何も分かっていません。

小山　確かに消去法でいうと、安倍さんが一番です。私もそう思っています。ただしその思いがあり過ぎまして、彼を批判しなさ過ぎた。だからヘイト法ができたのです。もっと強く安倍さんに対し「日本を取り戻すと言いながら、どんどん失っているんじゃないか、失わせている」と、そういう批判を「つくる会」にしてもみんなでもっとやっていけば、安倍さんも「つくる会」や「日本のこころ」が思うような方向に向いてくれていた。

要するに叩かれたら、ちゃんとその方向に動くのです。例えは悪いですが、何で韓国人の思うようになってしまったのか、それは韓国人がものすごく叩くからです。だからわれわれも安倍さんが「けしからん」と思ったら、叩かなきゃいけないのです。そこに変な配慮があり過ぎたという反省を絶対にしなければならないと思います。

藤岡　ちょっと言っておきますけど、変な配慮はしていないグループもあります（笑い）。みんながそうだというのは誤解ですので。

作った議員のバッチをはずすしかない

会場　先ほど、法律が通ってしまった後はなかなか厄介だということですが、藤井先生が、法律として定着させないことが肝心なのだとおっしゃってましたが、それでは具体的にどうやっていくことが大切で、われわれはどうすればいいとお考えでしょうか。

水間　一生懸命この法律を作った人の（議員）バッチを外させることです（拍手）。国会議員はバッチが大事ですから。一番ビビっちゃうのですよ。それでこんど、法律に反対している人がバッチをつけたら、間違いなく金縛り状態です。警察もこの法律には触れないでおこうということになります。

藤岡　それではバッチを外す人が多すぎますね(笑い)。「日本のこころ」の人たち以外はみんなバッチを外さなければいけないということですね。これはなかなか、しんどいことですね。ほかにアイデアは。

藤井　若干繰り返しになりますけれど、先ほど小山先生が非常に緻密な議論を展開されたのですが、国会でもそういう法律論として、これはおかしい、人権条約、憲法に違反しているという議論をきっちりとしてもらうということが大切でしょう。

それからこれはあまり考えたくないけど、具体的にこの法律に違反したとして捕まった人がいるとき、その裁判のときに、このヘイト法というものが根拠として出てきたら、それは成立しないということ、憲法違反であり条約違反なんだからということを実証していく。すると裁判所はこれを適用できなくなる、というふうに現実に勝ち取っていくということでしょう。

ただこちら側から訴訟をおこすべきなのか、どうかというのは難しい問題ですね。というのは、金と時間がやたらとかかる。それに裁判官も変な人がいっぱいいますからね。十年裁判やって、そのまま徒労に終わるということもあり得ますからね。これはわれわれの実力とはかって、戦略的に考えていったらいいと考えております。

第四部　集会参加者からの発言

◆ヘイト集会ではなかったのに解散

藤岡　先ほどの話に出ましたように、法律が一般的に憲法違反だということで提訴はできない。具体的な不利益が生じたときに、これを訴えることができるというのですが、実はこの欠陥ヘイト法が成立してこれまでにいくつかの地域でトラブルが生じております。私はその中で神奈川県川崎市のケースに注目、あるいは分析すべきだと思っているわけです。このケースは6月、予定されていた集会、デモを「ヘイトデモ」だと言って川崎市が会場の使用を禁止し警察官を大量動員し、別の会場での集会を取り締まり、トラブルが生じたのです。実は会場にその集会の参加者のお一人がいらっしゃいますので、その飯高伸生さんに川崎で何が起きたのか、少し詳しくお話をいただきたいと思います。

【注】川崎事件　川崎市在住の男性が6月5日、川崎区内の公園と道路で予定していた集会とデモ

に対し、同区内の在日コリアンらが、男性がかつてヘイトスピーチをしたなどの理由で禁止するよう横浜地裁川崎支部に仮処分を申請、同支部がこれを認め、川崎市も近くの公園の使用を不許可とした。男性側は同市中原区内に会場を変更、神奈川県警も道路使用などを認めたため5日午前、集会が開かれたが、反対するグループが大量に訪れてこれを妨害、間に入った警察により、集会は事実上解散させられた。

「帰れ」とか「死ね」とか一言も発しなかった

飯高　はじめまして、神奈川県川崎市中原区在住の飯高と申します。

会場となった中原区の平和公園というのは、私の家のすぐ近くなんです。歩いて5分から8分といった所です。しかし私はデモとも何とも知らなかったのです。新聞によると川崎区で「ヘイトデモが中止させられた」云々で、代わりにこちらにきたということでした。それでどんな内容の集会かなと興味津津で、（平和公園に）行ってみようと思ったわけです。だから最初からデモの趣旨というのは全然わかりませんでした。

しかし神奈川県警中原署は集会を許可していたのです。なぜ許可したかというと、集会の趣旨が何と「有田芳生を落選させる会」だったからです。ただただ自分たちの政治的主張を通すための政治団体のデモだったのです。ヘイトデモでもなんでもなかったのです。私もじゃあ行くかって雨合羽着て参加したわけです。

といっても、私が行ったときは午前9時半を過ぎていて、そのときはもう反カウンター連隊がドワっと並んでいて、警察官もダーッと並んでいて入れないんです。私は地元なので裏口を知っていまして、そこから入りました。そこで初めて「有田芳生を落選させる会」ってことがわかった。で、あのとき叫んだのは「有田芳生は日本の国会議員としてふさわしくないから落選させよう」ということでした。誰も「朝鮮人は帰れ」とか「死ね」とかは一言も発しませんでした。それだけです。

そしたら「ヘイトスピーチだ」とか「反対だ」とか言って三百十八人のカウンターデモ隊が来たのです。私達は私も含め二十二人ですよ。この数は後で中原署の人に教えてもらったんですが。警察の方としては、最初は「有田芳生を落選させる会」だからそんなに人は集まらないだろう。せいぜい誘導とか道路規制とかで二十人ぐらい出せばいいだろうという感じで、実際それぐらいの人数がきていたのです。

そこへ三百人を超える人がワラワラと現れまして、あわてて近くの警察学校木月分校という所で出場待機中の神奈川県警第二機動隊がやってきました。しかしそれが五十人で、合わせてやっと七十人ですから、警察官が会場に入ることもできないのです。

だったらということで、一番優先させたのは約二十人、つまり私たちの身の安全をはかるということで、ああいう事態、解散させられるということになったのです。三々五々と警察の車両に乗り込まされて、川崎駅とか新川崎、綱島に送り届けられたというのが事実です。私たちはどう帰ったかというと、平和公園の真ん前に交番があるのですが、その交番の裏口から脱出しました。
とにかく私たちはヘイトスピーチは一言も発したことはありません。ただ単に「有田芳生は日本の国会議員にふさわしくないから辞めろ」と言っただけです。

【注】有田芳生《ありたよしふ》氏　民進党参院議員。ジャーナリスト出身。今回のヘイトスピーチ規制法成立にあたっては参院法務委員会理事として中心的役割を担う一方、在日コリアンらが言う「ヘイト集団」と激しく対立していた。7月の参院選で比例区に立候補、再選をはたした。

藤岡　ただ今の飯高さんの報告に対し何か発言がありますか。

水間　今、解説していただいてすっきり分かりました。どういうことかというと、あの事件のTBSの報道特集を見ていたら、テロップで「ヘイトデモ」と打ちっ放しですよ。新聞の見出しもほとんど「ヘイトデモ」でした。
例えば暴対法(暴力団対策法)の団体指定は、公安委員会ができますでしょう。地方の警察とかね。ところがヘイトスピーチ法案にはそういう団体指定できる条項はないんですよ。それなのにTBSなどは何を根拠に「ヘイトデモ」と規定したのか。実際、ヘイト発言はしていないじゃないですか。

90年代に活動していた人間としてアドバイスさせてもらえば、こういう集会には必ずスパイが入りこんでいるのです。彼らが一瞬分からないところで、例えば「朝鮮人はゴキブリ、出ていけ」といったプラカードをちらっと見せ、テレビに映されたら、「あいつら陰であんなことやっている」とやられてしまうわけです。ですからそれを防ぐためには、必ず警察や会場の使用許可を出すところに趣旨説明の文書を出す。「有田芳生は国会議員にふさわしくない、というデモです。それ以外のことは一切ありません」と説明して「それに従わない者はわれわれの仲間ではありません。会の趣旨に反します」と明らかにすることです。皆さんそこだけは気をつけて下さい。

個人への名誉棄損と政策的主張は別だ

藤岡 ここでひとつ問題提起をさせてもらいたいのですが、今のご発言にあったように、在日の人たちにとって痛いことは、法的根拠をもとにして「いやなら自分の国に帰りなさい」と言われることなのです。それが一番、理が通っていて、まっとうな意見だからです。これは政策問題であって、個々人の在日の方の名誉を毀損しているわけじゃないのです。「お前はどうしろ」とか言っているわけじゃない。政策問題として、在日の人たちは帰っていただこうじゃありませんか、と言うのは何ら問題はない。

ついでに言いますと、「ヤンキー・ゴー ホーム」にも問題はないんです。そこにいる個々のアメリカ人に対して侮辱しているわけじゃありません。確かに私は「ヤンキー・ゴー ホーム」、つまり沖縄の米軍基地を今ただちになくすとか、日本の在日米軍基地をなくすことには絶対反対ですが、それと違う考えの人たちがいて、基地を撤廃すべきだという主張をすることも言論の自由ですからね。

そうすると、つまりヘイト、ヘイトで何でもヘイト探しの眼に我々はなりがちですけど、これは寛容の原理というのが必要で、自由な社会には行き過ぎはあっても、多少のことは寛容に認めて、それよりも言論の自由を大切にする。この発想を我々は持たなければいけないと思うのです。ですから私は「ヤンキー・ゴー ホーム」もヘイト何とかという言葉に関連させない方がいいというのが、私の意見なのですが、いかがでしょう。

兼次　私も藤岡先生がおっしゃったような「ヤンキー・ゴー ホーム」は問題ではない、という見方も理解はできます。それはいろいろな考え方の人がいますから、ある程度の寛容さは必要だと思います。

しかし「在日帰れ」は規制の対象で「ヤンキー・ゴー ホーム」は対象外だというと、そこに不公平感がどうしても出てきます。それも、何がヘイトで何がヘイトでないかなんて誰にもきめられないし、決めていくとしても、基準があってないようなものです。まったく漠然としたまま、何も問題はなかったところに規制法を作ったことで、矛盾と混乱が噴出しているのではないかと思いました。

藤岡　正攻法から秘策までさまざまなアイデアが出てまいりました。さまざまなプランを使って、この不当な日本人差別法をなくしていくようにしたいと思います。本日は皆さまありがとうございました。

提言【ヘイト法を廃止せよ】　小山常実

一、手抜き且つ不公正な審議手続き

手抜き、拙速審議

本書でみてきたように、ヘイト法は、「日本国憲法」にも人種差別撤廃条約にも違反した内容であり、廃止すべきものです。もう一度、国会できちんと議論をやり直すべきです。

7月5日の集会では指摘できませんでしたが、秋になって、ヘイト法に関する議事録を読んでみました。すると、審議手続きが、余りにも出鱈目極まりないものであったことに驚愕しました。

その審議は、衆院ではなく、参院法務委員会から始まりました。この委員会には、前国会からの継続案件である「人種等を理由とする差別の撤廃のための施策の推進に関する法律案（第189回国会小川敏夫君外六名発議）」がかけられていました。この法律案の審議が始まったのが3月22日です。そして、この旧民主党案に対する対案として、4月8日、自民、公明両党は、「本邦外出身者に対する不当な差別的言動の解消に向けた取組の推進に関する法律案」を提出し、4月19日から3回の審議で法務委員会を通過させました。後は、ほとんど議論もなく、5月24日に衆院本会議を通過し、法律として成立しました。

このように審議経過を簡単にたどってみますと、余りにも手抜きの拙速審議で、自由主義社会で最も重視すべき表現の自由を抑圧する法律を、しかも日本人を理念的に被差別民族と位置づける法律を通してしまったことが分かります。何しろ、ヘイト法の審議は、参院法務委員会で4月19日、26日、5月12日の三回、行われただけです。参院法務委員会では、旧民主党案について3月22日、23日、4月5日と三回審議されていますが、この三回を加えても六回の審議です。参院で通過した後、衆院に送られますが、衆院法務委員会ではたった一回、それもわずか一時間審議されただけです。この拙速さと手抜きぶりが、ヘイト法審議手続きの第一の問題点です。

不公正な審議手続き――「反ヘイトピーチ」運動側の意見のみを聴く

第二の問題点は、極めて不公正な審議手続きが採られたことです。すぐに目に付くのは、3月22日に参院法務委員会が参考人を呼んでいますが、その選び方が不公正です。参考人四人のうち大東文化大学大学院法務研究科教授の浅野善治氏と外国法事務弁護士のスティーブン・ギブンズ氏は、表現の自由とヘイトスピーチに関する法律専門家の立場から選ばれた人たちです。

これに対して、龍谷大学法科大学院教授の金尚均氏は、刑法学者であると同時に、「ヘイトスピーチ」問題で常に引き合いに出される京都朝鮮第一初級学校襲撃事件の際の児童の保護者であり、当事者ともいえる人です。また、社会福祉法人青丘社川崎市ふれあい館職員の崔江以子氏も、「ヘイトスピーチ」問題の当事者です。しかも、3月31日には、委員会理事である有田芳生（民進党）、西田昌司（自民党）、矢倉克夫（公明党）と仁比聡平（共産党）といった委員が、川崎の桜本地区を視察し、崔氏らからいろいろ話を聴いております。

金氏や崔氏を参考人として呼ぶこと、桜本地区の視察を行うことは当然でしょうが、同時に、在特会などの「ヘイトスピーチ」運動側の人間も参考人として呼ぶべきでしたし、少なくとも彼らからの意見聴取を行うべきであったと言えます。「反ヘイトスピーチ」運動側、在日韓国・朝鮮人側に偏した意見聴取を行ったことが注目されます。

不公正な法務委員配置図

さらに指摘すべきは、ヘイト法を成立させるべく最も精力的に動いた有田芳生氏、それに衆院法務委員会で積極的に発言していた共産党の畑野君枝氏（衆院議員）は、完全に「反ヘイトスピーチ」運動側、在日韓国・朝鮮人側の人物であり、彼らが言うところの「反ヘイトスピーチ」運動にも参加している人達だということです。有田氏に至っては、道路に座り込んだりなどして、彼らが言うところの「ヘイトデモ」へのカウンター攻撃を行っている人物です。道路への座り込みや寝転びは、道交法違反ですし、完全に違法行為です。違法行為を率先して行う国会議員が、ヘイト法を成立させるうえで大きな力を発揮したのです。彼らは、「反ヘイト」というお題目を唱えれば何でも許されると思っているようです。中国の「愛国無罪」に通ずる考え方をしているみたいです。彼らの言う「反ヘイト」には、「日本人に対する憎悪」「日本人に対するヘイト」が籠っているように思われます。

これに対して、「ヘイトスピーチ」運動側、日本人側を代弁するような議員は、少なくとも衆参の法務委員会の中では一人も存在しませんでした。参考人をめぐる人物配置図、議員をめぐる人物配置図からして、公正な審議など望むべくもなかったと言えるのかもしれません。

人種差別撤廃条約第４条ａｂ留保とヘイト法の関係についての議論の欠如

第三の問題点は、日本が人種差別撤廃条約第４条ａｂを留保しているにもかかわらず、ヘイトスピーチ規制法を作れるのかという点について議論しなかったことです。人種差別撤廃条約第４条（ａ）と（ｂ）は、次のように規定しています。①～⑤の番号と傍線は筆者が付しました。

第４条（ａ）①人種的優越又は憎悪に基づく思想のあらゆる流布、②人種差別の扇動、いかなる人種若しくは皮膚の色若しくは種族的出身を異にする人の集団に対するものであるかを問わず③すべての暴力行為又は④その行為の扇動及び⑤人種主義に基づく活動に対する資金援助を含むいかなる援助の提供も、法律で処罰すべき犯罪であることを宣言すること。

（b）人種差別を助長し及び扇動する団体及び組織的宣伝活動その他のすべての宣伝活動を違法であるとして禁止するものとし、このような団体又は活動への参加が法律で処罰すべき犯罪であることを認めること。

この第4条aとbの趣旨からすれば、いわゆるヘイトスピーチは少なくとも①②に該当し、犯罪として禁止されることになります。しかし、日本は、米国などと同じく、集会・結社・表現の自由等が不当に制約されないように、aとbの受け入れについて特に留保を付けています。これまで自民党がヘイトスピーチ規制法について消極的だったのは、一つにはこの留保があるからだと思われます。ですから、ヘイトスピーチ規制法をつくるならば、第4条aとbの留保がなぜ行われているのか、この留保とヘイト法制定は矛盾しないのか、といった問題についての議論が当然必要であったと言えます。しかし、少なくとも、第190国会では全く議論されなかったのです。何ともおかしなことです。

原因論議も欠如していた

第四の問題点は、「ヘイトスピーチ」の原因論議が全くなされなかったことです。物事には全て原因があります。原因を除かなければ問題はなくなりません。ですから、問題処理のためには原因論議が必要です。「ヘイトスピーチ」の最大の原因は、藤井氏や松木氏が言う通り、韓国の反日政策です。それに次ぐ原因は、在日特権の存在です。しかし、韓国の反日政策については全く触れられていません。

在日特権云々についても、二度出てきただけです。例えば、5月20日に衆院法務委員会では、國重徹理事（公明党）が在日特権にふれ、「こういう荒唐無稽なものが原因で新たな憎悪とか偏見とか差別意識といったものが生み出されないような取り組みをぜひよろしくお願いいたします」と発言しています。しかし、衆参両院では、在日特権が存在するのか存在しないのか、在日特権が存在するという言論がどのように「憎悪とか偏見とか差別意識」を生み出すのか、といったことについて全く議論されませんでした。つまり、《在日特権は幻である》《在日特権は嘘である》という事実関係捏造を前提に、ヘイト法は成立したのです。

このように、ヘイト法審議において、原因論議は全くなされませんでした。しかし、もう一度言いますが、原因論議なしに問題解決策など出てくるわけがありません。議員たちは、ヘイトスピーチ問題の解決など、本気では考えていないのでしょう。

二、ヘイト法も事実関係捏造から始まった

3月22日参院法務委員会

以上、ヘイト法の審議手続きについて、手抜きと拙速さ、不公正さ等の四つの問題点を指摘してきましたが、これら以上に問題なことがあります。それは、ヘイト法も事実関係の捏造から始まったということです。この場合の事実関係捏造とは、《在日特権は嘘である》との言論のことではありません。本年3月20日に発生したＪＲ川崎駅前暴力事件の性格付けのことです。この事件は、北朝鮮批判の街宣活動を支持する側の人達が、この街宣を妨害するために来ていた人達を殴ったとされる事件です。北朝鮮批判の活動家と北朝鮮擁護の活動家がぶつかり合った事件です。ヘイトスピーチなど全く関係のない事件でありました。

ところが、新聞等のマスコミは、この事件を〈ヘイトスピーチの街宣を行った人たちが、反ヘイトの活動を行う善良な市民を殴った暴力事件〉と位置づけました。まさしく、事実関係の捏造です。参院法務委員会も、この事件に対して同様の捏造を行い、だからヘイトスピーチ規制法が必要だという雰囲気を作り、一気にヘイト法成立へとこぎつけたのです。

この3月20日の事件の後、22日、参院法務委員会でヘイトスピーチ規制に関する旧民主党案の審議が始まりました。連続して23日にも審議が行われ、この二日間で、ヘイトスピーチに関する何らかの法的規制が必要であるという雰囲気が作られてしまったのです。

22日の審議では、前述のように、浅野善治氏、スティーブン・ギブンズ氏、金尚均氏、崔江以子氏が、この順番に意見表明を行いました。最初の二人、浅野善治氏とスティーブン・ギブンズ氏は、ヘイトスピーチ或いは表現の自由に関する法律専門家の立場から、いずれかといえば、ヘイトスピーチ規制法に反対の意見を陳述しました。絶対的に反対というわけではありませんが、両氏とも、表現の自由を重視する立場から原則的には反対乃至慎重な立場であると読み取れることを述べていました。これに対して、ヘイトスピーチ問題の在日韓国・朝鮮人側当事者である金氏と崔氏は、規制法をつくるべきだという意見を述べました。

その後、4人に対する質疑応答が行われました。最初は法理論的な話が中心でしたが、後半には、崔氏の言葉が場の空気を支配するようになり、委員たちの意識が、ともかくヘイトデモが川崎の桜本地区にやって来て大変だというものになっていきました。この日の最後に、崔氏は次のように意見をしめくくっています。

「先ほどからお伝えしていますが、国が中立ではなくてヘイトスピーチをなくす側に立つことを宣言して、差別は違法だとまず宣言してほしいんですね。親が子の前で死ね、殺せと言われる、子が親の前で死ね、殺せと言われる、このことから法でもってしか今守ってもらえないんですよ。ですから、まずこの法案をすぐにでも成立させてほしい、お願いする立場です。」

ただし、この日は、浅野氏とギブンズ氏もかなり話していますので、何としてもヘイトスピーチ規制法が必要だというところまで行かずに時間切れになりました。

3月23日有田氏が「3月20日JR川崎駅前事件」を持ち出す

ところが、翌23日の審議では、最初の段階で空気が変わってしまいました。参院法務委員会で有田芳生理事が、次のようにJR川崎駅前事件を持ち出したのです。

(1) 御承知のように、昨日、人種差別撤廃施策推進法の参考人質疑が行われました。そこに参加をされた川崎市の崔さん、在日三世の女性ですけれども、その彼女が暮らす川崎で、昨日も発言がありましたけれども、十二回にわたってヘイトスピーチのデモが行われてきました。

(2) しかも、そこのデモでとんでもない発言をしてきた人物たちが、資料の一枚目にお示ししましたけれども、二十日に保守系の政治団体の街宣活動で演説を行いました。何回か前のこの法務委員会でも写真でお示しをしましたけれども、日本版ネオナチと言っていい、ナチスのハーケンクロイツの前で演説をしたり、あるいはヒトラー生誕祭を祝うというようなことをやってきた人物が、二十日、街宣車の上から演説をやりました。と同時に、昨日、崔参考人が発言をされたように、川崎で十二回行われてきたデモの主催者がやはりこの二十日の川崎駅前の街宣活動で発言をしておりました。

（3）そこで、写真でもお示しをしましたけれども、暴力行為が発生をいたしました。そのことについて、二十一日の神奈川新聞では、「保守系政治団体街宣参加者　抗議の男性に暴行　JR川崎駅前」、そのときに起きた一部始終がもう映像でも記録をされておりますけれども、殴り付けた瞬間の写真がそこに示したものです。二十日の午後一時四十一分、こういう暴行シーンがありました。

まず、警察庁にお聞きをしたいんですが、一体どういう事件が起きたんでしょうか、教えてください。

番号と傍線は私が付したものです。番号順に見ていくことにします。（1）の部分はともかくとして、（2）の部分にある「日本版ネオナチ」という表現に驚かされました。ですが、共産党などは自民党に対しても「日本版ネオナチ」という乱暴なレッテル貼りを行うようになっていますから、そのことは無視していきましょう。最も問題をはらむ部分は、（2）の部分の2番目と3番目の傍線部の箇所であります。

この二つの傍線部にあるように、有田氏は、「二十日、街宣車の上から演説をやりました」「川崎駅前の街宣活動で発言をしておりました」と述べています。しかし、その演説の内容を紹介しないのです。その演説内容がヘイトスピーチなのかどうかが、まずは大事なポイントです。ところが、この点を氏は明らかにしないのです。その後の議論を見ても、他の委員たちも、この日の街宣がどういう内容だったのか、全く問題にもしないのです。何の検証もしないまま、委員会として、ヘイトスピーチの街宣と決めつけているわけです。

北朝鮮批判の街宣をヘイトスピーチ街宣に捏造する

しかし、当日の街宣はどういうものだったでしょうか。川崎駅前の街宣を行ったのは「維新政党・新風」ですが、「維新政党・新風」は、事前に北朝鮮批判の街宣を行うことを予告し、金王朝打倒、拉致被害者奪還のスローガンの下、その趣旨の演説を行いました。これに対して、右翼を自称する人たちが、「ヘイトスピーチに反対する」と称して、拡声器を使って、弁士に対する下品な野次を浴びせていました。彼らは、この街宣演説を聞きに来ていた聴衆の中の右翼活動家に対して、更に「へたれ」などの野次を投げつけていました。この野次に怒った活動家が、野次を飛ばしていた人に殴り掛かって事件となったのが、3月20日の出来事です。つまり、3月20日の事件とは、右翼活動家同士の小競り合いに過ぎなかったのです。

（3）で有田氏は「暴力行為が発生をいたしました」と述べていますが、この暴力行為はヘイトスピーチが全く行われなかったにもかかわらず、発生したものです。

このように見てくれば、3月20日のＪＲ川崎駅前事件とは、マスコミが、そしてヘイトスピーチ規制法を審議する法務委員会が大きく問題にするのはおかしなことだったと言わねばなりません。そのおかしさは、おおよそ三点にわたります。一点目は、北朝鮮批判の街宣がヘイトスピーチ街宣に捏造されたことです。二点目は、被害者とされた「右翼」は、合法的な演説に対する妨害行為を行うだけでなく、拡声器を使っていることです。拡声器を使っての妨害行為は違法ではないのかという疑問がありますが、合法だとしても、彼らこそ、本来、言論を不当に抑圧した加害者ではないかということです。三点目は、「右翼」活動家が「抗議の男性」というふうに、一般市民であるかのように粉飾されていることです。なんともおかしなことです。

日本はいつも事実関係を捏造され負けていく

こうして、3月23日の法務委員会で、北朝鮮批判の街宣がヘイトスピーチ街宣に完全に捏造されてしまいました。また、北朝鮮批判街宣に対する妨害活動を行う人たちが、「反ヘイトスピーチ」の英雄に美化されてしまいました。そして、〈ヘイトスピーチ街宣により一般市民が暴行を受けた、だから何としてもヘイトスピーチを規制しなければならない〉という雰囲気が一挙に作られていきました。後は、一瀉千里です。ほとんど審議らしい審議もしないまま、ヘイトスピーチ規制法は、「本邦外出身者に対する不当な差別的言動の解消に向けた取組の推進に関する法律」として出来上がったのです。

日本は、常に事実の捏造によって負けていきます。今回のヘイト法も、3月20日の北朝鮮批判の街宣をヘイトスピーチ街宣へ捏造することから、始まりました。そして根本的には、《在日特権など存在しない》という事実関係の捏造から始まりました。この二つの捏造により作られた今回のヘイト法は、確実に、日本を痛めつけていくことでしょう。

警察と軍隊が日本国民弾圧機関となる危険性

この法律が施行されるや、警察は外国人（特に在日韓国・朝鮮人）の利害を守るために日本国民を抑圧する装置となりつつあります。更にこの法律が定着して力を持つようになれば、今後、平成20（2008）年4月の北京オリンピック長野聖火リレーにおいて中国人が暴れまわっても警察が放置したような無法状態が日常になっていく危険性があります。また、仮に「日本国憲法」第9条が改正され自衛隊が軍隊に昇格できたとしても、その軍隊が、治安出動した場合にも、日本国民ではなく、外国人のために働く危険性も出てきたということです。

自衛隊のことはともかくとしても、ヘイト法が成立したことにより、警察は、日本国民と在日韓国・朝鮮人とが街頭で衝突した場合には、非が在日韓国・朝鮮人側にあろうとも、ほとんどの場合、在日側の味方を行う可能性が飛躍的に高まったことは確実だと言えます。

しかし、事は街頭における言論活動だけにとどまらないでしょう。ネットや出版の世界でも、朝鮮人強制連行説や慰安婦性奴隷説を否定する言説、及び「南京事件」を否定する言説などが外国人に対する「不当な差別的言動」として制限され、さらには弾圧されていくでしょう。まさしく、日本国民の表現の自由が抑圧され、反日全体主義化を進める危険性が大いにあるのです。

三、ヘイトスピーチを無くすための基本とは

ヘイトスピーチの原因とは

以上のように見てくれば、ヘイト法は何としても廃止しなければなりません。もう一度審議をやり直す必要があります。その際、ヘイトスピーチの原因論議を徹底的に行うことが必要です。

それでは、ヘイトスピーチの原因は何でしょうか。もう一度考えてみましょう。歴史を振り返れば、在日韓国・朝鮮人に対するヘイトスピーチが殊更に問題になったのは、平成25（２０１３）年頃からです。問題とされるヘイトスピーチは、１９８０年代、90年代から強まった中韓と在日韓国・

朝鮮人による〈日本軍は朝鮮人慰安婦を強制連行した〉などのヘイトスピーチ、華夷秩序思想に基づく日本人差別に対するカウンターとして始まりました。もちろん、在日特権の存在に対する日本人及び他の外国人の不満も背景としてあります。ですが、何といっても、中韓と在日韓国・朝鮮人によるヘイトスピーチを抑えなければ、国会が問題とする日本人側のヘイトスピーチは、決してなくならないでしょう。

いや、原因は、中韓及び在日韓国・朝鮮人の行動以外にもう一つあります。それは、昭和57（1982）年の教科書誤報事件以来日本自身が行ってきた反日教育、日本人差別教育です。1970年代後半から一定始まっていましたが、教科書誤報事件以降の日本の教育は、生徒に対して、「お前たちの祖先は朝鮮人を70万人強制連行し、南京で20数万人の中国人を虐殺した」という教育を熱心に行ってきました。この教育は完全な嘘であり、日本人に対するヘイトスピーチとも言えるものでした。このヘイトスピーチ教育はかなり薄まっては来ましたが、今日も継続しているものです。

中韓のヘイトアクションへの抗議と自虐教育の是正を

それゆえ、本当にヘイトスピーチを無くそうとするのであれば、第一に、在日特権を廃止するとともに、中韓が日常的に行っているヘイトスピーチやヘイトアクションに対して、日本政府がその都度抗議していくことです。中韓のヘイトアクションやヘイトスピーチが減少していけば、必然的に日本側のヘイトスピーチも減少していくことでしょう。

第二に、何よりも、日本人に対する最大のヘイトスピーチである自虐教育を正していくことです。最低限、「強制連行」や「南京事件」、慰安婦問題の三つの出鱈目記述を教科書からなくしていくことです。言ってみれば、日本人自身による日本人差別をなくしていくことです。原因への対処無くして、問題はなくなりません。在日に対するヘイトスピーチを本当に無くそうと取り組むのであれば、日本政府及び日本国民は、この二つのことに本格的に取り組むべきなのです。

欠陥ヘイト法関係資料

(1) 本邦外出身者に対する不当な差別的言動の解消に向けた取組の推進に関する法律

平成28年6月3日公布施行

前文

我が国においては、近年、本邦の域外にある国又は地域の出身であることを理由として、適法に居住するその出身者又はその子孫を、我が国の地域社会から排除することを煽動する不当な差別的言動が行われ、その出身者又はその子孫が多大な苦痛を強いられるとともに、当該地域社会に深刻な亀裂を生じさせている。

もとより、このような不当な差別的言動はあってはならず、こうした事態をこのまま看過することは、国際社会において我が国の占める地位に照らしても、ふさわしいものではない。

ここに、このような不当な差別的言動は許されないことを宣言するとともに、更なる人権教育と人権啓発などを通じて、国民に周知を図り、その理解と協力を得つつ、不当な差別的言動の解消に向けた取組を推進すべく、この法律を制定する。

第一章 総則

（目的）

第一条 この法律は、本邦外出身者に対する不当な差別的言動の解消が喫緊の課題であることに鑑み、その解消に向けた取組について、基本理念を定め、及び国等の責務を明らかにするとともに、基本的施策を定め、これを推進することを目的とする。

（定義）

第二条 この法律において「本邦外出身者に対する不当な差別的言動」とは、専ら本邦の域外にある国若しくは地域の出身である者又はその子孫であって適法に居住するもの（以下この条において「本邦外出身者」という。）に対する差別的意識を助長し又は誘発する目的で公然とその生命、身体、自由、名誉若しくは財産に危害を加える旨を告知し又は本邦外出身者を著しく侮蔑するなど、本邦の域外にある国又は地域の出身であることを理由として、本邦外出身者を地域社会から排除することを煽動する不当な差別的言動をいう。

（基本理念）

第三条 国民は、本邦外出身者に対する不当な差別的言動の解消の必要性に対する理解を深めるとともに、本邦外出身者に対する不当な差別的言動のない社会の実現に寄与するよう努めなければならない。

（国及び地方公共団体の責務）

第四条　国は、本邦外出身者に対する不当な差別的言動の解消に向けた取組に関する施策を実施するとともに、地方公共団体が実施する本邦外出身者に対する不当な差別的言動の解消に向けた取組に関する施策を推進するために必要な助言その他の措置を講ずる責務を有する。
2　地方公共団体は、本邦外出身者に対する不当な差別的言動の解消に向けた取組に関し、国との適切な役割分担を踏まえて、当該地域の実情に応じた施策を講ずるよう努めるものとする。

第二章　基本的施策

（相談体制の整備）
第五条　国は、本邦外出身者に対する不当な差別的言動に関する相談に的確に応ずるとともに、これに関する紛争の防止又は解決を図ることができるよう、必要な体制を整備するものとする。
2　地方公共団体は、国との適切な役割分担を踏まえて、当該地域の実情に応じ、本邦外出身者に対する不当な差別的言動に関する相談に的確に応ずるとともに、これに関する紛争の防止又は解決を図ることができるよう、必要な体制を整備するよう努めるものとする。

（教育の充実等）
第六条　国は、本邦外出身者に対する不当な差別的言動を解消するための教育活動を実施するとともに、そのために必要な取組を行うものとする。
2　地方公共団体は、国との適切な役割分担を踏まえて、当該地域の実情に応じ、本邦外出身者に対する不当な差別的言動を解消するための教育活動を実施するとともに、そのために必要な取組を行うよう努めるものとする。

（啓発活動等）

第七条　国は、本邦外出身者に対する不当な差別的言動の解消の必要性について、国民に周知し、その理解を深めることを目的とする広報その他の啓発活動を実施するとともに、そのために必要な取組を行うものとする。

2　地方公共団体は、国との適切な役割分担を踏まえて、当該地域の実情に応じ、本邦外出身者に対する不当な差別的言動の解消の必要性について、住民に周知し、その理解を深めることを目的とする広報その他の啓発活動を実施するとともに、そのために必要な取組を行うよう努めるものとする。

附　則

（施行期日）

1　この法律は、公布の日から施行する。

（不当な差別的言動に係る取組についての検討）

2　不当な差別的言動に係る取組については、この法律の施行後における本邦外出身者に対する不当な差別的言動の実態等を勘案し、必要に応じ、検討が加えられるものとする。

理　由

本邦外出身者に対する不当な差別的言動の解消が喫緊の課題であることに鑑み、その解消に向けた取組について、基本理念を定め、及び国等の責務を明らかにするとともに、基本的施策を定め、これを推進する必要がある。これが、この法律案を提出する理由である。

○衆院付帯決議

国及び地方公共団体は、本法の施行に当たり、次の事項について特段の配慮をすべきである。

一　本法の趣旨、日本国憲法及びあらゆる形態の人種差別撤廃に関する国際条約の精神に照らし、第二条が規定する「本邦外出身者に対する不当な差別的言動」以外のものであれば、いかなる差別的言動であっても許されるとの理解は誤りであるとの基本認識の下、適切に対処すること。

二　本邦外出身者に対する不当な差別的言動が地域社会に深刻な亀裂を生じさせている地方公共団体においては、その内容や頻度の地域差に応じ、国とともに、その解消に向けた取組に関する施策を着実に実施すること

三　インターネットを通じて行われる本邦外出身者等に対する不当な差別的言動を助長し、又は誘発する行為の解消に向けた取組に関する施策を実施すること

四　本邦外出身者に対する不当な差別的言動のほか、不当な差別的取扱いの実態の把握に努め、それらの解消に必要な施策を講ずるよう検討を行うこと。

(2)日本国憲法　昭和21年11月3日公布、22年5月3日施行

第14条　すべて国民は、法の下に平等であつて、人種、信条、性別、社会的身分又は門地により、政治的、

経済的又は社会的関係において、差別されない。

第21条　集会、結社及び言論、出版その他一切の表現の自由は、これを保障する。

2　検閲は、これをしてはならない。通信の秘密は、これを侵してはならない。

第98条　この憲法は、国の最高法規であつて、その条規に反する法律、命令、詔勅及び国務に関するその他の行為の全部又は一部は、その効力を有しない。

2　日本国が締結した条約及び確立された国際法規は、これを誠実に遵守することを必要とする。

(3) あらゆる形態の人種差別の撤廃に関する国際条約

1965年国連総会採択、1969年発効、1995年日本加入、1996年日本について発効

第1条

1　この条約において、「人種差別」とは、人種、皮膚の色、世系又は民族的若しくは種族的出身に基づくあらゆる区別、排除、制限又は優先であって、政治的、経済的、社会的、文化的その他のあらゆる公的生活の分野における平等の立場での人権及び基本的自由を認識し、享有し又は行使することを妨げ又は害する目的又は効果を有するものをいう。

2　この条約は、締約国が市民と市民でない者との間に設ける区別、排除、制限又は優先については、適用しない。

3　この条約のいかなる規定も、国籍、市民権又は帰化に関する締約国の法規に何ら影響を及ぼすも

のと解してはならない。ただし、これらに関する法規は、いかなる特定の民族に対しても差別を設けていないことを条件とする。

4　人権及び基本的自由の平等な享有又は行使を確保するため、保護を必要としている特定の人種若しくは種族の集団又は個人の適切な進歩を確保することのみを目的として、必要に応じてとられる特別措置は、人種差別とみなさない。ただし、この特別措置は、その結果として、異なる人種の集団に対して別個の権利を維持することとなってはならず、また、その目的が達成された後は継続してはならない。

第2条

1　締約国は、人種差別を非難し、また、あらゆる形態の人種差別を撤廃する政策及びあらゆる人種間の理解を促進する政策をすべての適当な方法により遅滞なくとることを約束する。このため、

(a) 各締約国は、個人、集団又は団体に対する人種差別の行為又は慣行に従事しないこと並びに国及び地方のすべての公の当局及び機関がこの義務に従って行動するよう確保することを約束する。

(b) 各締約国は、いかなる個人又は団体による人種差別も後援せず、擁護せず又は支持しないことを約束する。

(c) 各締約国は、政府（国及び地方）の政策を再検討し及び人種差別を生じさせ又は永続化させる効果を有するいかなる法令も改正し、廃止し又は無効にするために効果的な措置をとる。

(d) 各締約国は、すべての適当な方法（状況により必要とされるときは、立法を含む。）により、いかなる個人、集団又は団体による人種差別も禁止し、終了させる。

（e）各締約国は、適当なときは、人種間の融和を目的とし、かつ、複数の人種で構成される団体及び運動を支援し並びに人種間の障壁を撤廃する他の方法を奨励すること並びに人種間の分断を強化するようないかなる動きも抑制することを約束する。

2　締約国は、状況により正当とされる場合には、特定の人種の集団又はこれに属する個人に対し人権及び基本的自由の十分かつ平等な享有を保障するため、社会的、経済的、文化的その他の分野において、当該人種の集団又は個人の適切な発展及び保護を確保するための特別かつ具体的な措置をとる。この措置は、いかなる場合においても、その目的が達成された後、その結果として、異なる人種の集団に対して不平等な又は別個の権利を維持することとなってはならない。

第3条

締約国は、特に、人種隔離及びアパルトヘイトを非難し、また、自国の管轄の下にある領域におけるこの種のすべての慣行を防止し、禁止し及び根絶することを約束する。

第4条

締約国は、一の人種の優越性若しくは一の皮膚の色若しくは種族的出身の人の集団の優越性の思想若しくは理論に基づくあらゆる宣伝及び団体又は人種的憎悪及び人種差別（形態のいかんを問わない。）を正当化し若しくは助長することを企てるあらゆる宣伝及び団体を非難し、また、このような差別のあらゆる扇動又は行為を根絶することを目的とする迅速かつ積極的な措置をとることを約束する。このため、締約国は、世界人権宣言に具現された原則及び次条に明示的に定める権利に十分な考慮を払って、特に次のことを行う。

(a) 人種的優越又は憎悪に基づく思想のあらゆる流布、人種差別の扇動、いかなる人種若しくは皮膚の色若しくは種族的出身を異にする人の集団に対するものであるかを問わず、すべての暴力行為又は、その行為の扇動及び人種主義に基づく活動に対する資金援助を含むいかなる援助の提供も、法律で処罰すべき犯罪であることを宣言すること。

(b) 人種差別を助長し及び扇動する団体及び組織的宣伝活動その他のすべての宣伝活動を違法であるとして禁止するものとし、このような団体又は活動への参加が法律で処罰すべき犯罪であることを認めること。

(c) 国又は地方の公の当局又は機関が人種差別を助長し又は扇動することを認めないこと。

第5条

第2条に定める基本的義務に従い、締約国は、特に次の権利の享有に当たり、あらゆる形態の人種差別を禁止し及び撤廃すること並びに人種、皮膚の色又は民族的若しくは種族的出身による差別なしに、すべての者が法律の前に平等であるという権利を保障することを約束する。

(a) 裁判所その他のすべての裁判及び審判を行う機関の前での平等な取扱いについての権利

(b) 暴力又は傷害(公務員によって加えられるものであるかいかなる個人、集団又は団体によって加えられるものであるかを問わない。)に対する身体の安全及び国家による保護についての権利

(c) 政治的権利、特に普通かつ平等の選挙権に基づく選挙に投票及び立候補によって参加し、国政及びすべての段階における政治に参与し並びに公務に平等に携わる権利

(d) 他の市民的権利、特に、

（i）国境内における移動及び居住の自由についての権利
（ii）いずれの国（自国を含む。）からも離れ及び自国に戻る権利
（iii）国籍についての権利
（iv）婚姻及び配偶者の選択についての権利
（v）単独で及び他の者と共同して財産を所有する権利
（vi）相続する権利
（vii）思想、良心及び宗教の自由についての権利
（viii）意見及び表現の自由についての権利
（ix）平和的な集会及び結社の自由についての権利
（e）経済的、社会的及び文化的権利、特に、
（i）労働、職業の自由な選択、公正かつ良好な労働条件、失業に対する保護、同一の労働についての同一報酬及び公正かつ良好な報酬についての権利
（ii）労働組合を結成し及びこれに加入する権利
（iii）住居についての権利
（iv）公衆の健康、医療、社会保障及び社会的サービスについての権利
（v）教育及び訓練についての権利
（vi）文化的な活動への平等な参加についての権利

（f）輸送機関、ホテル、飲食店、喫茶店、劇場、公園等一般公衆の使用を目的とするあらゆる場所又はサービスを利用する権利

第6条

締約国は、自国の管轄の下にあるすべての者に対し、権限のある自国の裁判所及び他の国家機関を通じて、この条約に反して人権及び基本的自由を侵害するあらゆる人種差別の行為に対する効果的な保護及び救済措置を確保し、並びにその差別の結果として被ったあらゆる損害に対し、公正かつ適正な賠償又は救済を当該裁判所に求める権利を確保する。

第7条

締約国は、人種差別につながる偏見と戦い、諸国民の間及び人種又は種族の集団の間の理解、寛容及び友好を促進し並びに国際連合憲章、世界人権宣言、あらゆる形態の人種差別の撤廃に関する国際連合宣言及びこの条約の目的及び原則を普及させるため、特に教授、教育、文化及び情報の分野において、迅速かつ効果的な措置をとることを約束する。

（以下略）

（4）人種差別撤廃条約Q＆A　外務省

Q6　日本はこの条約の締結に当たって第4条（a）及び（b）に留保を付してますが、その理由はなぜですか。

A6　第4条（a）及び（b）は、「人種的優越又は憎悪に基づくあらゆる思想の流布」、「人種差別の扇動」等につき、処罰立法措置をとることを義務づけるものです。

これらは、様々な場面における様々な態様の行為を含む非常に広い概念ですので、そのすべてを刑罰法規をもって規制することについては、憲法の保障する集会、結社、表現の自由等を不当に制約することにならないか、文明評論、政治評論等の正当な言論を不当に萎縮させることにならないか、また、これらの概念を刑罰法規の構成要件として用いることについては、刑罰の対象となる行為とそうでないものとの境界がはっきりせず、罪刑法定主義に反することにならないかなどについて極めて慎重に検討する必要があります。我が国では、現行法上、名誉毀損や侮辱等具体的な法益侵害又はその侵害の危険性のある行為は、処罰の対象になっていますが、この条約第4条の定める処罰立法義務を不足なく履行することは以上の諸点等に照らし、憲法上の問題を生じるおそれがあります。このため、我が国としては憲法と抵触しない限度において、第4条の義務を履行する旨留保を付することにしたものです。

なお、この規定に関しては、1996年6月現在、日本のほか、米国及びスイスが留保を付しており、英国、フランス等が解釈宣言を行っています。

【試案】

日本国民や在外日本人に対する「不当な差別的言動」（ヘイトスピーチ）を解消する一つの方策として、「日本国民及び本邦出身者に対する不当な差別的言動の解消に向けた取組の推進に関する法律案」というものを考えてみた。この法律案は、「本邦外出身者に対する不当な差別的言動の解消に向けた取組の推進に関する法律」＝《本邦外出身者に対するヘイトスピーチ解消法》を元に、この日本人差別法に対する対抗案として作ったものである。7月5日の集会後に本邦外出身者に対するヘイトスピーチ解消法を読みこんでみたが、面白いことに、「日本国民及び本邦出身者に対する不当な差別的言動の解消に向けた取組の推進に関する法律」という理念法＝《日本国民及び本邦出身者に対するヘイトスピーチ解消法》をすぐに作ることができた。その法律案を以下に掲載する。（小山常実）

日本国民及び本邦出身者に対する不当な差別的言動の解消に向けた取組の推進に関する法律案

前文

世界各地においては、近年、本邦の出身であることを理由として、適法に居住するその出身者又はその子孫に対する不当な差別的言動が行われ、その出身者又はその子孫が多大な苦痛を強いられるとともに、当該地域社会に深刻な亀裂を生じさせている。また国内においても、「本邦外出身者に対する不当な差別的言動の解消に向けた取組の推進に関する法律」が施行されて以来、日本国民に対する不当な差別的言動が著しく増加している。

もとより、このような不当な差別的言動はあってはならず、こうした事態をこのまま看過することは、国際社会において我が国の占める地位に照らしても、ふさわしいものではない。

ここに、このような不当な差別的言動は許されないことを宣言するとともに、更なる人権教育と人権啓発などを通じて、国民だけではなく、あらゆる人に周知を図り、その理解と協力を得つつ、不当な差別的言動の解消に向けた取組を推進すべく、この法律を制定する。

第一章 総則

(目的)

第一条 この法律は、日本国民及び本邦出身者に対する不当な差別的言動の解消が喫緊の課題であることに鑑《かんが》み、その解消に向けた取組について、基本理念を定め、及び国等の責務を明らかにするとともに、基本的施策を定め、これを推進することを目的とする。

(定義)

第二条 この法律において「日本国民及び本邦出身者に対する不当な差別的言動」とは、日本国民及び本邦出身者に対する差別的意識を助長し又は誘発する目的で公然とその生命、身体、自由、名誉若しくは財産に危害を加える旨を告知し又は日本国民及び本邦出身者を著しく侮蔑するなどの不当な差別的言動をいう。

（基本理念）

第三条　何人も、日本国民及び本邦出身者に対する不当な差別的言動の解消の必要性に対する理解を深めるとともに、日本国民及び本邦出身者に対する不当な差別的言動のない社会の実現に寄与するよう努めなければならない。

（国及び地方公共団体の責務）

第四条　国は、日本国民及び本邦出身者に対する不当な差別的言動の解消に向けた取組に関する施策を実施するとともに、地方公共団体が実施する日本国民及び本邦出身者に対する不当な差別的言動の解消に向けた取組に関する施策を推進するために必要な助言その他の措置を講ずる責務を有する。

2　地方公共団体は、日本国民に対する不当な差別的言動の解消に向けた取組に関し、国との適切な役割分担を踏まえて、当該地域の実情に応じた施策を講ずるよう努めるものとする。

第二章　基本的施策

（相談体制の整備）

第五条　国は、日本国民及び本邦出身者に対する不当な差別的言動に関する相談に的確に応ずるとともに、これに関する紛争の防止又は解決を図ることができるよう、必要な体制を整備するものとする。

2　地方公共団体は、国との適切な役割分担を踏まえて、当該地域の実情に応じ、日本国民に対する不当な差別的言動に関する相談に的確に応ずるとともに、これに関する紛争の防止又は解決を図ることができるよう、必要な体制を整備するよう努めるものとする。

（教育の充実等）

第六条　国は、日本国民及び本邦出身者に対する不当な差別的言動を解消するための教育活動を実施するとともに、そのために必要な取組を行うものとする。

2　地方公共団体は、国との適切な役割分担を踏まえて、当該地域の実情に応じ、日本国民に対する不当な差別的言動を解消するための教育活動を実施するとともに、そのために必要な取組を行うよう努めるものとする。

（啓発活動等）

第七条　国は、日本国民及び本邦出身者に対する不当な差別的言動の解消の必要性について、国民に周知し、その理解を深めることを目的とする広報その他の啓発活動を実施するとともに、そのために必要な取組を行うものとする。

2　地方公共団体は、国との適切な役割分担を踏まえて、当該地域の実情に応じ、日本国民に対する不当な差別的言動の解消の必要性について、住民に周知し、その理解を深めることを目的とする広報その他の啓発活動を実施するとともに、そのために必要な取組を行うよう努めるものとする。

附則

（施行期日）

1　この法律は、公布の日から施行する。
（不当な差別的言動に係る取組についての検討）
2　不当な差別的言動に係る取組については、この法律の施行後における日本国民及び本邦出身者に対する不当な差別的言動の実態等を勘案し、必要に応じ、検討が加えられるものとする。
3　この法律は、日本国民及び本邦出身者に対する不当な差別的言動が解消されたとき、又は「本邦外出身者に対する不当な差別的言動の解消に向けた取組の推進に関する法律」が廃止されたときに廃止するものとする。

理由

国内外において、日本国民と本邦出身者に対する不当な差別的言動の解消が喫緊の課題であることに鑑み、その解消に向けた取組について、基本理念を定め、及び国等の責務を明らかにするとともに、基本的施策を定め、これを推進する必要がある。これが、この法律案を提出する理由である。

法案の目的

上に掲げた《日本国民及び本邦出身者に対するヘイトスピーチ解消法》は、二つの目的を持っている。第一の目的は、前文でも書かれている国内外における日本人苛め、日本人差別をなくしていくことである。日本人差別を無くしていくための一つの対策として有効であると思われる。

第二の目的は、やはり前文にあるように、《本邦外出身者に対するヘイトスピーチ解消法》が施行されてから日本国民に対するヘイトスピーチ及び言論弾圧が強化されつつあるが、これらの動きに対する打ち返しを行うことである。一方に《本邦外出身者に対するヘイトスピーチ解消法》が存在する現状では、他方に《日本国民及び本邦出身者に対するヘイトスピーチ解消法》が存在して初めて、日本国民は外国人と平等な存在となる。だから、現状では、《日本国民及び本邦出身者に対するヘイトスピーチ解消法》の提起は、人種平等を求める「日本国憲法」第14条1項や人種差別撤廃条約の精神に合致したものと言えよう。

人種差別撤廃条約との整合性を保つための工夫

しかし、《日本国民に対するヘイトスピーチ解消法》は、《外国人に対するヘイトスピーチ解消法》と同じく、人種差別撤廃条約第1条に定める「人種差別」に当たる可能性がある。また、ヘイトスピーチ対策を法で以て行うことは、言論の自由を侵し、自由主義社会の根幹を掘り崩していくことにつながりかねない。そこで、（施行期日）の3として、次の規定を置くことにした。

この法律は、（1）日本国民及び本邦出身者に対する不当な差別的言動が解消されたとき、又は（2）「本邦外出身者に対する不当な差別的言動の解消に向けた取組の推進に関する法律」が廃止されたときに廃止するものとする。

（1）の時に法律を廃止するのは、この法律の究極の目的が国内外における国民及び日系人に対するヘイトスピーチの解消にある以上、当然である。また、（2）の時に廃止するのは、この法律が《外国人に対するヘイトスピーチ解消法》の害毒を中和するための対抗措置として作られる以上、また当然と言えよう。

こうして、《日本国民及び本邦出身者に対するヘイトスピーチ解消法》の成立→《外国人に対するヘイトスピーチ解消法》と《日本国民及び本邦出身者に対するヘイトスピーチ解消法》との並存→両法律の廃止・大阪市ヘイトスピーチ条例の廃止、という順序で物事が推移することを望むものである。

「ヘイトスピーチ法」は
日本人差別の悪法だ

2016年12月1日　初版発行
2017年 1月15日　2刷

著　者　小山 常実 他

発行者　加瀬 英明

発行所　株式会社 自由社
〒112-0005 東京都文京区水道2-6-3
TEL 03-5981-9170　FAX 03-5981-9171

印刷製本　シナノ印刷株式会社

ISBN 978-4-915237-98-0 C0021

URL http://www.jiyuusha.jp/
Email jiyuuhennsyuu@goo.jp